GANAR
-
GANAR

ANGELA JACKSON

GANAR - GANAR

Empodera a tus empleados y aumenta tus ganancias

PAIDÓS EMPRESA

Título original: *The Win-Win Workplace: How Thriving Employees Drive Bottom-Line Success*

Traducido por: Alejandra Ortiz Hernández

Bajo el sello editorial PAIDÓS M.R.
Avenida Presidente Masaryk núm. 111,
Piso 2, Polanco V Sección, Miguel Hidalgo
C.P. 11560, Ciudad de México
www.planetadelibros.com.mx
www.paidos.com.mx

Primera edición impresa en México: abril de 2026
ISBN: 978-607-639-216-4

Impreso en los talleres de Corporación en Servicios Integrales de Asesoría Profesional, S.A. de C.V.,
Calle E #6, Parque Industrial Puebla 2000,
C.P. 72225, Puebla, Pue.
Impreso y hecho en México – *Printed and made in Mexico*

ÍNDICE

PREFACIO

Pocos nombres resuenan con tanta fuerza como el de Angela Jackson en el mundo de la psicología organizacional y el liderazgo. Su trayectoria se caracteriza por su elocuencia, inteligencia y un profundo impacto que deja en aquellos con quienes se encuentra. Mi relación con Angela comenzó de manera más bien fortuita durante un evento de Worth Media que en esa época organizaba Juliet Scott-Croxford. En ese momento fui testigo por primera vez de la presencia sobresaliente de Angela. Era elocuente, reflexiva e innegablemente brillante.

Nuestros caminos se volvieron a cruzar cuando tuve la oportunidad de invitarla a otro evento. Durante nuestra llamada de preparación, quedé todavía más impresionado con su profundidad y perspicacia. Angela superó todas las expectativas que yo tenía, y nuestra relación profesional pronto se transformó en un vínculo duradero.

Las credenciales de Angela son más que impresionantes. Actualmente es profesora en Harvard, dirige su propia consultoría y es una autora exitosa. Sus contribuciones al campo son invaluables, y las ideas que expone en este libro destacan la necesidad de propósito, colaboración y éxito compartido en el entorno laboral.

Las ideas y lecciones que se presentan en *Ganar-Ganar: empodera a tus empleados y aumenta tus ganancias* pueden aplicarse de muchas maneras, tanto en lo personal como en lo profesional. Al leer este libro conseguirás un conocimiento y una comprensión invaluables que te ayudarán a navegar en el cambiante panorama laboral y encontrar propósito, colaboración y éxito compartido. Se ofrecen soluciones accionables para confrontar sesgos y barreras sistemáticas dentro de las estructuras corporativas y también se proporciona una hoja de ruta para crear un nuevo tipo de entorno laboral en el que empleados y empresas puedan prosperar en conjunto.

Me parece que este libro es una forma importante y valiosa de invertir tu tiempo y atención. Se lo recomiendo ampliamente a cualquiera que le interese crear un mejor futuro para el trabajo. Es un llamado a la acción para líderes de todos los niveles que estén listos para trascender el *statu quo* transaccional y construir un entorno laboral ganar-ganar. Espero que te parezca tan esclarecedor e intelectualmente estimulante como a mí.

Angela Jackson es una personalidad incomparable, y me honra tenerla como colega y amiga. Su trayectoria es una de crecimiento continuo y dedicación incansable, y me entusiasma ver el impacto que seguirá teniendo con este libro y en el mundo de la psicología organizacional y más allá.

JIM MCCANN
Fundador, director ejecutivo y
presidente de 1-800-Flowers.com
Presidente de Worth Media

INTRODUCCIÓN

UN NUEVO ORDEN MUNDIAL PARA EL TRABAJO

La revuelta del regreso a la oficina. La Gran Renuncia. La primacía de los trabajos temporales. La dimisión silenciosa. Las señales del descontento de los empleados abundan en nuestros días, y todas apuntan a una transformación radical que se está gestando en el entorno laboral global y que añoramos en este mundo pospandémico todos los que pasamos un tercio de nuestra vida trabajando por un sueldo. Queremos propósito, colaboración y éxito compartido. Sin embargo, el modelo actual del trabajo suele dejarnos sintiéndonos desapegados, insatisfechos y atrapados en un ciclo de *empleado contra su empleador*.[1]

Yo te demostraré que esto no tiene que ser así y que hay organizaciones exitosas que ya están atendiendo la herida autoinfligida que es el entorno laboral moderno.

Esto no es un manifiesto reconfortante escrito por una soñadora ilusa. Es el grito de batalla de una soldado herida que vivió la carrera de locos, apenas la sobrevivió y luego se aventuró en las trincheras de la academia, las juntas directivas e incontables conversaciones con líderes de la fuerza laboral moderna para estudiar y aprender. Quería encontrar la clave para lograr que el trabajo en el siglo XXI, incluso con el auge de los robots de inteligencia artificial, fuera un verdadero *ganar-ganar*. Y no solo para los pocos afortunados en la cima que cosechan los beneficios del éxito financiero de una empresa, sino para el barista que despacha cafés, el programador sumido en los algoritmos y el conserje que prende las luces; es decir, para todos.

UN INTERÉS PERSONAL

Yo estaba volando alto. A los 30 años, era la jefa de *marketing* de nuevos canales en Nokia, con una formación en negocios que había pagado la empresa y más millas de viajera frecuente —nivel platino ejecutivo en American Airlines, nivel premier 1K en United Airlines— de las que alguna vez podría terminarme. Me pagaban muy bien (más que suficiente para pagar yo misma mi maestría) por vender el más reciente dispositivo Nokia al público, era huésped frecuente del Four Seasons en Beverly Hills y el Mandarin Oriental en Singapur, a veces durante la misma semana. Estaba arrasando en el ascenso laboral.

Hasta que me vine abajo.

Fue en un viaje de negocios típicamente frenético en octubre de 2007. Llegué a Los Ángeles desde Nueva York un lunes por la noche con apenas tiempo suficiente para dormir, deslumbrar a mi cliente en una reunión el martes a las 8 a. m. y luego, con la mayor eficiencia, tomar un vuelo por la tarde a Nueva York y después a Helsinki, Finlandia. Mientras conducía por Los Ángeles esa mañana, recuerdo haber pensado: «Espero que no me hagan muchas preguntas, porque necesito llegar a ese vuelo». No vi la señal de la vuelta a tiempo ni el auto que venía. Me lastimé el cuello y la espalda y me disloqué el hombro. Mi cuerpo era un enorme moretón. El dolor era insoportable. A lo largo de seis meses de rehabilitación intensiva para poder volver a usar el brazo izquierdo pensé en todas las otras señales que no había visto mientras me precipitaba hacia el supuesto éxito. El departamento vacío en el que nunca estaba. La familia a la que nunca veía. No podía recordar la última vez que algo real —algo que no fuera un bolso costoso de diseñador o el restaurante neoyorquino más reciente— me hubiera dado felicidad. Me preguntaba: «¿Qué caso tiene todo esto? ¿Estoy aquí solo para que la empresa pueda ganar más dinero y para que yo me pueda comprar más cosas? Debe de haber una mejor manera de trabajar, una mejor manera de vivir». Tuve mucho tiempo para pensar.

Una palabra que escuchamos cada vez más en la discusión global sobre el trabajo es *pivotar*. Pues bien, yo pivoté. Fue un giro de 180 grados. Volví a la universidad para hacer un doctorado en Liderazgo en Educación, centré mi investigación en el cambio organizacional y sistémico, y luego salí al mundo para ver cómo funcionaban en la vida real diferentes entornos laborales. Tras entrevistar a cientos de trabajadores, me di a la tarea de entender qué necesitan de sus empleadores y qué barreras les impiden conseguirlo. Después busqué empleadores que ya estuvieran en camino a crear esa mítica *mejor manera de trabajar* que tantos de nosotros añoramos.

Las preguntas que orbitaban mi búsqueda —sobre la parte humana de los recursos humanos; sobre cómo atraer, conservar y construir talento; sobre cómo invertir en los empleados como personas para que ellos, a su vez, se sientan comprometidos en su trabajo— surgieron por primera vez en mi niñez, a la sombra de la fábrica clausurada de Chrysler en Kenosha, Wisconsin. Desde de los 4 años, cuando mi madre murió, fui criada por mis abuelos, que no habían estudiado más allá del sexto grado de primaria. Mi abuelo estaba orgulloso de ser un empleado de Chrysler y miembro del sindicato, que ganaba 7.25 dólares por hora en la línea de ensamblaje de la planta de Kenosha, instalando puertas en autos Chrysler Reliant y Plymouth Sundance. Su paga superaba por mucho el salario mínimo de la época y le brindaba buenos servicios de salud, seguridad laboral, una pensión y un sentido de pertenencia. Hasta que ya no fue así.

Yo tenía 13 años cuando la fábrica cerró y dejó sin trabajo a 5 500 empleados, entre ellos mi abuelo, que en ese entonces tenía 64 años.[2] Nuestro vecino de enfrente también perdió su trabajo, así como mi tío. Se sentía como si el pueblo entero de pronto se hubiera quedado desempleado.[3] Generaciones de trabajadores habían mantenido activa la planta de Kenosha durante más de un siglo, y Chrysler, uno de los últimos empleadores de nuestra comunidad que pagaba a trabajadores de cuello azul un sueldo suficiente para mantener a una familia, ahora había desaparecido.

Chrysler había formado a mi abuelo para hacer una sola cosa, y hacerla con maestría. Cuando ese trabajo desapareció, Chrysler no tenía nada más que ofrecerle. Él, al igual que cientos de personas en mi comunidad, se quedó sin la habilidad de pivotar, sin habilidades para hacer una transición a otro empleo. La planta y sus gerentes eran transaccionales —ustedes nos dan trabajo; nosotros les damos salarios— y no invirtieron de manera duradera en su gente o comunidad. Es un sistema dañado y uno que pervive, a pesar de que los rápidos avances tecnológicos y el descontento de los empleados hacen que este sistema sea a la larga insostenible.

DEL QUIEBRE AL ÉXITO

He vivido en primera persona la devastación que provoca un sistema laboral dañado —de mis abuelos de clase trabajadora y nuestra comunidad a la pérdida total de mi auto rentado y las lesiones en mi cuerpo—. Pero es mucho más que personal. Y es un fenómeno que va mucho más allá de los Estados Unidos. Mi exploración posdoctoral de la inversión en la fuerza de trabajo y el futuro del trabajo fue una investigación profunda de más de 1 200 empresas y organizaciones alrededor del mundo, desde Walmart, el mayor empleador del mundo, hasta Jergens Inc., una empresa manufacturera pequeña, y TÜV SÜD, una compañía global que realiza pruebas y da certificaciones de seguridad a productos que usamos en la vida cotidiana, como juguetes para niños, autopartes y dispositivos médicos. Esta investigación implicó exhaustivas entrevistas y recolección de datos durante más de seis años, un periodo que abarcó la que quizá sea la mayor fuerza disruptiva que ha golpeado el entorno laboral global, la pandemia de covid-19, sucedida entre 2020 y 2021. Los hallazgos confirmaron mis sospechas: el *statu quo* de los espacios laborales estaba asfixiando tanto a la gente como a las ganancias. Pero entre los escombros también encontré atisbos de esperanza: organizaciones que desafían el viejo modelo de *statu quo* en el que era imposible trabajar al crear oasis de colaboración, confianza y éxito compartido para su gente: líderes, gerentes y empleados por igual. Eso es lo que yo llamo un entorno laboral *ganar-ganar*.

¿Cómo puedes conseguirlo tú también? En la siguiente fase de mi investigación, reuní las iniciativas, a veces aisladas, que encontré en diversas organizaciones y las contrasté con teorías que otros apasionados del cambio organizacional y *nerds* de la maestría en Administración de Empresas como yo apreciarán: la teoría del capital humano y la de las partes de interés de Freeman, el pensamiento sistémico, la teoría del intercambio social, la de la equidad y el liderazgo distribuido. A partir de ahí ideé un enfoque holístico para reconfigurar el *statu quo* laboral transaccional y lograr un entorno laboral ganar-ganar: al priorizar el bienestar del empleado, crear un entorno en el que todos tengan una oportunidad de alcanzar el éxito sin importar su origen o identidad, fomentando el aprendizaje y desarrollo continuo y gestionando los recursos humanos de manera estratégica, las organizaciones pueden ser adaptativas, inclusivas y financieramente sostenibles sin importar lo que el futuro nos depare.

Ganar-Ganar: empodera a tus empleados y aumenta tus ganancias confronta sesgos y barreras sistémicas dentro de las estructuras corporativas y ofrece soluciones aplicables para prácticas de reclutamiento, gestión del desempeño y más. Es un llamado a la acción para líderes —altos ejecutivos, gerentes y líderes operativos— que están listos para trascender el *statu quo* transaccional y construir una nueva clase de entorno laboral en el que los empleados y las empresas puedan prosperar juntos. ¿Es un camino fácil? No. Pero imagina las recompensas. Imagina un entorno laboral en el que:

- los empleados se sientan valorados, empoderados y conectados con un propósito más grande que las ganancias de la empresa;
- las empresas florezcan mediante la innovación, la colaboración y el desempeño óptimo; y
- nosotros, como sociedad, trascendamos colectivamente la mentalidad ganar-perder y creemos un mundo de éxito compartido.

EL ENTORNO LABORAL DE SUMA CERO NO FUNCIONA

Durante mi investigación me centré en empresas de diversos sectores a las que les iba bien y cuyos empleados prosperaban, mientras que otras de costumbres arraigadas se estaban quedando atrás. Encontré dos estrategias opuestas en operación. Una valoraba las viejas costumbres laborales, en las que tenía que haber perdedores para que el ganador pudiera quedarse con todas las riquezas. Yo llamo a esto el entorno laboral de suma cero. Suele estar basado en la antigüedad y las jerarquías de los empleados; en los que los años de servicio y la posición en el organigrama importan más que el desempeño y el potencial. Un entorno laboral de suma cero es uno que no prioriza el bienestar de los empleados ni considera su vida fuera del trabajo, ni siquiera en el caso de los que están en la cima.

Un 40% de los empleados a nivel mundial dice tener dificultades por un equilibrio inadecuado entre la vida laboral y personal.[4] Dentro de este grupo, un apabullante 67% lo atribuye a elementos intrínsecos a su trabajo —como expectativas poco claras— o a la cultura de su lugar de trabajo, como la presión de trabajar horas extra y estar siempre disponibles, al mismo tiempo que se sienten menospreciados.[5] Un entorno laboral de suma cero suele prestar poca atención al aprendizaje y al desarrollo continuos, y se queda corto en cuanto a la gestión estratégica de los recursos humanos. A manera de ejemplo, las fundaciones Anne E. Casey y Joyce encontraron que la mayoría de las corporaciones gasta 80% de su dinero en el desarrollo profesional de sus empleados de altos ingresos y, el 20% restante, en entrenamientos de seguridad para el resto: principalmente empleados del escalafón más bajo y los de primera línea.[6] Me sentí especialmente identificada con esto. Mi empleador pagó mi posgrado cuando yo tenía los recursos para hacerlo yo misma. Los empleados de niveles más bajos no recibían ayuda para ascender en sus carreras. En esta clase de entorno laboral de suma cero, los privilegiados reciben más privilegios y ventajas. ¿Y los demás? Entrenamiento de seguridad. Es como decirles a los plebeyos: «Solo hagan su trabajo sin desangrarse por ahí».

Ya sea que se trate de falta de imaginación o inercia de las prácticas históricas, estas empresas mantienen a sus empleados alejados por diseño, los tratan como desechables y remplazables, pensando que eso ayudará a que los líderes tomen decisiones *difíciles* en el largo plazo. Se trata de lugares en los que la rotación de personal y los despidos (rebautizados con el eufemismo de *reducción de personal*) son el referente para ganar la ventaja competitiva. Lo hemos visto mucho recientemente: una compañía de tecnología reduce su personal y otras siguen su ejemplo. Tal como dice Jeff Shulman, profesor de la Foster School of Business de la Universidad de Washington: «Hay un efecto de rebaño en las empresas de tecnología [...]. Los despidos parecen ayudarlos a bajar los precios de sus acciones, así que estas compañías no ven motivos para dejar de hacerlo. Pueden salirse con la suya porque todas lo hacen. Los trabajadores están más cómodos con ello; los inversionistas lo agradecen».[7]

Ganar-Ganar: empodera a tus empleados y aumenta tus ganancias no es un elogio de este entorno laboral dañado. Cualquiera puede enumerar qué es lo que está mal en el trabajo. Francamente, eso es deprimente. En su lugar, este libro se centra en lo que marcha bien. Con datos, historias del mundo real y una hoja de ruta que se ha puesto en práctica en empresas reales, vengo a mostrarte cómo derrumbar los muros entre líderes, gerentes y trabajadores de primera línea e implementar una estrategia con la cual los empleados prosperen y tu negocio tenga éxito. Destacaré empresas de los sectores de salud, transporte, tecnología, manufactura y servicios financieros que han elegido una estrategia diferente, unas nuevas reglas del juego. En contraste con el entorno laboral de suma cero, estas empresas:

- posicionan un propósito más grande que las ganancias en el centro de la razón de ser de la organización (para una empresa de dispositivos médicos, el propósito puede ser la innovación para mejorar la calidad de vida de las personas con discapacidad; para una

manufacturera de juguetes, el propósito puede ser llevar alegría a chicos y grandes);
- priorizan el bienestar de todos los empleados;
- adoptan y celebran la diversidad y la inclusión;
- construyen una comunidad que valora las contribuciones y perspectivas únicas de cada individuo;
- fomentan el aprendizaje y desarrollo continuos;
- gestionan los recursos humanos de manera estratégica; y
- comunican con regularidad el progreso a todos los niveles para asegurar transparencia y aceptación.

CREAR UNA HOJA DE RUTA: DE LAS HABILIDADES AL BIENESTAR DEL EMPLEADO

Ahora quiero que sepas exactamente (aunque seré breve) cómo se desarrolló la estrategia del entorno laboral ganar-ganar, para que tengas la certeza de que está firmemente basada en datos reales. Mi investigación comenzó en 2018 en New Profit, una organización estadounidense sin fines de lucro con 20 años de historia de invertir en emprendedores y organizaciones comprometidas con derribar barreras entre las personas y sus oportunidades. Su Gran Reto del Futuro del Trabajo tenía como objetivo preparar para el éxito laboral a más de diez millones de empleados de bajos salarios para 2025.[8] Con un presupuesto multimillonario, la idea de New Profit era otorgar un premio espectacular a innovadores que desarrollaran productos y servicios para ayudar a los trabajadores a adquirir las habilidades tecnológicas que tendrían demanda en el futuro, como la computación en la nube, la ciberseguridad y la mitigación climática. Mi trabajo consistió en llevar a cabo un análisis cualitativo de las más de 1 200 organizaciones que se postularon para el premio. Para ello recolecté los detalles de sus ideas y soluciones de capacitación, así como los datos demográficos de su liderazgo y autorreportado capital humano. Usamos los mismos indicadores para documentar los avances de las inversiones finales de New Profit en los beneficiarios del premio.

Mis colegas de New Profit y yo pensábamos, en un principio, que las habilidades eran la respuesta, es decir, que lo que el entorno laboral del futuro necesitaba era que se invirtiera *ahora* en soluciones tecnológicas para brindar a empleados de bajos sueldos las habilidades que necesitarían para tener éxito en lo sucesivo. Llevamos a cabo entrevistas exhaustivas con más de cien ejecutivos corporativos a lo largo de múltiples sectores e industrias. Entre estas se incluían la extracción de petróleo y gas, la manufactura automotriz, de maquinaria, equipos electrónicos y los productos alimenticios. Nuestras entrevistas también ahondaron en industrias de servicio como el transporte, los almacenes, las finanzas, los seguros, las tecnologías de la información, la comunicación, la educación, la atención médica, la industria hotelera y de alimentos y los servicios profesionales y empresariales (consultoría). Entrevistamos a 80 empleadores y 180 trabajadores de esas mismas industrias. Para lograr una perspectiva aún más amplia de lo que necesita un futuro entorno laboral —y el futuro empleado—, entrevistamos a 75 intermediarios de la fuerza laboral, entre ellos United Way, la Cámara de Comercio estadounidense y la Society for Human Resource Management; y a 150 fundadores de *startups* o empresas emergentes que innovan en los campos del futuro del trabajo, la gestión de talento y la inteligencia artificial generativa, incluyendo líderes de Microsoft, Workday y SkyHive. Además, creamos un consejo consultivo de empleados con 2 000 trabajadores que eran representantes de los Estados Unidos para conseguir diferentes perspectivas de liderazgo.

A los dos meses de comenzar la investigación, empecé a sospechar que mejorar las habilidades de los trabajadores no sería la panacea que imaginábamos. Entonces, convoqué tres cumbres —en Detroit (octubre de 2019), Boston (enero de 2020) y Los Ángeles (marzo de 2020)— para reunir a empleadores, fundadores de *startups* de capacitación de empleados, investigadores del MIT (Instituto de Tecnología de Massachusetts), expertos en recursos humanos y trabajadores de primera línea. Entre estos había desde cajeros y parrilleros de McDonald's hasta cajeros bancarios de JPMorgan Chase, técnicos de Slack y personal de enfermería de hospitales. Llevamos a cabo *sesiones de diseño* en las que, en conjunto, los miembros de estos grupos con una visión de 360 grados del entorno laboral imaginaron qué habilidades necesitarían los trabajadores para carreras sostenibles que pudieran mantenerlos (a ellos y a sus familias) en el futuro. Y vaya sorpresa, no escuchamos solo sobre brechas de habilidades, sino sobre otras barreras que incluso tenían un papel más importante en frenar a los empleados; por ejemplo, el acceso a guarderías infantiles y transporte. En la reunión de enero, un funcionario estatal me sorprendió cuando dijo que lo difícil no era que la gente consiguiera empleo, sino que lo difícil era cuando, así como pasa en la vida, se les descomponía el auto o su hijo se enfermaba y necesitaba quedarse en casa. Empezaba a quedar claro entonces que el futuro del trabajo necesitaba mucho más que habilidades laborales avanzadas. Se requerían innovaciones en torno a los procesos de capital humano, así como al simple bienestar del empleado.

EL CAMBIO EN LA INVESTIGACIÓN: EL FUTURO DEL TRABAJO SE CONVIERTE EN EL PRESENTE

Cuando el covid-19 fue declarado pandemia en marzo de 2020, vi el futuro del trabajo convertirse en presente. De la noche a la mañana, personas en industrias como los viajes y los restaurantes tuvieron que hacer transiciones de carrera inmediatas, mientras que otros millones de personas de pronto tuvieron que arreglárselas para dar clases o llevar a cabo consultas médicas de manera remota desde sus oficinas en casa. Quedó claro que había dos clases de trabajadores: aquellos que podían darse el lujo de resguardarse en su casa, ganar dinero, aprender y prosperar; y una mayoría que tuvo que conformarse con salarios bajos y malas prestaciones mientras se veía expuesta rutinariamente al virus. Nuestra investigación en New Profit adquirió una mayor urgencia y se extendió para prestar atención a los trabajadores desplazados por la pandemia y a la automatización que acompañó el trabajo remoto. Pues mientras 2020 fue algo anormal, las crisis no lo son. Y cuando las guerras surgen en otras naciones, o las depresiones económicas o desastres naturales nos aquejan en nuestro propio territorio, los trabajadores sin apoyos básicos vigentes pueden perder mucho, quizá incluso todo.[9]

Para cuando terminó el Gran Reto del Futuro del Trabajo de New Profit en 2022, yo había hablado con cientos de trabajadores, veintenas de empleadores y las organizaciones que los apoyan. Estas conversaciones —además de los datos y documentos que se me compartieron posteriormente— hicieron que me diera cuenta de que los empleados no podrían abrirse paso hacia el futuro del trabajo solo con habilidades. Los entornos laborales en sí necesitaban una transformación radical en la que los empleadores asumieran una mayor responsabilidad por el bienestar holístico de sus empleados. Así es como prosperan las organizaciones en el futuro del trabajo: *a la par* de sus trabajadores. A continuación, necesitaba ver qué implicaría el bienestar de los empleados para los resultados financieros de una organización.

CONCEPTUALIZAR UN ENTORNO LABORAL GANAR-GANAR

Dejé New Profit en 2022 y fundé Future Forward Strategies, una empresa de análisis y estrategias del mercado laboral. Esto me permitió centrar mi investigación en apoyos básicos a trabajadores y en ver si había argumentos económicos que apoyaran una estrategia empresarial de innovaciones en torno al capital humano y el bienestar de los empleados. ¿Había una mejor manera de entender la gestión del capital humano —algo más holístico que iniciativas únicas como los Viernes de Verano— que pudiera llevar a una mejor sostenibilidad empresarial?

Mi equipo y yo observamos más profunda y ampliamente las más de 1 200 empresas de mi investigación en New Profit. A partir de este análisis, identifiqué nueve prácticas de lo que había empezado a conceptualizar como *entornos laborales ganar-ganar*. Llamo a estas prácticas *los nueve pilares del entorno laboral ganar-ganar*, y son centrales para crear organizaciones sostenibles y centradas en las personas. Los nueve pilares, que se resumen a continuación, atienden de manera sistemática la alta rotación de personal, el ausentismo, la productividad reducida y la mala atención al cliente, todos problemas críticos del entorno laboral de suma cero que han empeorado desde la pandemia.

Primer pilar: centrarse en las voces de los empleados

- Pasar de buzones de sugerencias a mecanismos de retroalimentación accionables.
- Procurar que las preocupaciones e ideas de los empleados estén representadas en todas las áreas del negocio y que los empleados vean su retroalimentación en acción, lo cual contribuye a un cambio positivo.
- Ver correlaciones positivas en ganancias, ingresos, precio de acciones y valuación de activos.
- *Resultado: cuando los empleados ven que sus ideas se usan para hacer cambios positivos, se sienten más involucrados en el éxito de la empresa y es más probable que se queden (baja rotación).*

Segundo pilar: cultivar relaciones de trabajo mutualistas

- Construir y fomentar relaciones ganar-ganar positivas y colaborativas entre empleados y empleadores.
- Extender la noción de recompensas al empleado más allá de sueldos y salarios para incluir el propósito y la alineación de valores, de modo que los empleados

sientan que contribuyen a más que a una simple ejecución de tareas.

- *Resultado: cuando los empleados se sienten apreciados y que contribuyen, esto resulta en mayores ganancias para la empresa, una mejor valuación de activos y una menor rotación, lo cual implica menos costos a largo plazo.*

Tercer pilar: implementar estrategias de inclusión interseccional

- Crear un entorno laboral en el que los empleados puedan mostrar quiénes son auténticamente sin sentir que tienen que enmascarar su identidad, origen o desafíos personales.
- Reconocer y valorar las experiencias únicas de empleados de orígenes diversos.
- Ir más allá de las prestaciones diseñadas para un solo grupo demográfico.
- Crear un ambiente laboral que aproveche y celebre las identidades de todos los empleados.
- *Resultado: cuando los empleados se sienten cómodos siendo ellos mismos en el trabajo se puede redirigir la energía usada en ocultarse hacia la creación de valor para la empresa, lo cual lleva a mayores ganancias y a una valuación de activos más alta.*

Cuarto pilar: reimaginar las prestaciones laborales

- Ofrecer una variedad de opciones de prestaciones para cubrir las necesidades individuales de los empleados.
- Ir más allá de las prestaciones tradicionales para incluir opciones como servicios de cuidado y *coaching* laboral y de vida.

- Permitir a los empleados recomendar prestaciones que les convengan.
- *Resultado: otorgar a los empleados responsabilidad sobre sus prestaciones aumenta la satisfacción y la lealtad, lo cual puede mejorar todas las áreas de las finanzas de la empresa: las ganancias, las ventas, el precio de las acciones y el valor general.*

Quinto pilar: activar a líderes de primera línea

- Empoderar a líderes de primera línea para promover los esfuerzos de inclusión.
- Empoderar a gerentes de primera línea para diseñar e implementar estrategias centradas en las personas.
- Acercar la toma de decisiones al trabajo que se realiza.
- Aumentar la participación de los empleados en la empresa y la responsabilidad (*accountability*).
- *Resultado: esto hace que los empleados asuman más su responsabilidad y se sientan más comprometidos, lo cual resulta en mayores ganancias y en una empresa más valiosa (mayor valuación de activos), además de una menor rotación.*

Sexto pilar: contratar a STARs en vez de dar prioridad a las credenciales

- Contratar con base en habilidades, talentos, aptitudes y resultados de los candidatos (STARs: de *skills, talents, abilities, results*) en vez de solo credenciales académicas o educativas.
- Desarrollar métodos de evaluación innovadores para identificar talento mediante rutas alternas.

- Ampliar el banco de talento al considerar a candidatos con orígenes y experiencias diversas.
- *Resultado: esto abre la puerta a una gama más amplia de personas talentosas que quizá no tengan una formación tradicional, así como a mayores ganancias, valuación más alta de activos y un potencial impulso al precio de las acciones.*

Séptimo pilar: desarrollar plantillas extensas de talento

- Nutrir y fomentar el talento dentro de la organización para desempeñar futuros cargos de liderazgo.
- Invertir en programas de capacitación y desarrollo para acrecentar el talento interno.
- Retener al mejor talento al ofrecer trayectorias de crecimiento profesional.
- *Resultado: conservar a los mejores empleados (retención del mejor talento) ayuda a las empresas a crear una cultura en la que todos aprenden y mejoran constantemente (cultura de aprendizaje y crecimiento). Esto puede hacer a la empresa acreedora a una valuación de activos más alta.*

Octavo pilar: usar los informes de capital humano como estrategia competitiva

- Usar datos e indicadores relacionados con los empleados (capital humano) para informar la toma de decisiones estratégicas y luego comunicar los factores de toma de decisiones a los empleados.
- Seguir y medir datos de capital humano como la compensación, la capacitación y el bienestar de los empleados.

- Aumentar la transparencia al divulgar datos relevantes de capital humano.
- *Resultado: la toma de decisiones basada en datos, en la planeación mejorada de la fuerza laboral y una mayor confianza de los empleados pueden llevar a mayores ganancias, más ventas (ingresos) y valuación de activos más alta.*

Noveno pilar: distribuir el liderazgo mediante estructuras de emprendimiento

- Ir más allá de las jerarquías rígidas hacia estructuras organizacionales más horizontales.
- Empoderar a los empleados de todos los niveles dentro de la organización para compartir ideas, destrezas, y asumir la responsabilidad y tomar decisiones.
- Crear un ambiente laboral en el que la colaboración y la innovación prosperen.
- *Resultado: la colaboración y la innovación llevan a una mayor agilidad y capacidad para resolver problemas. Estas pueden mejorar todas las áreas de las finanzas de una empresa: mayores ganancias, más ventas, mayores precios de acciones y valuación de activos más alta.*

Una vez que identificamos estos pilares, buscamos entender qué impacto tienen en el desempeño financiero. Investigamos la relación entre las empresas que aplicaron los pilares del entorno laboral ganar-ganar y qué tan bien les fue financieramente a lo largo de dos años, tomando en cuenta el precio de las acciones, las ganancias en comparación con las ventas totales y el crecimiento general de las ventas. Nos pareció que enfocarnos en el valor para los accionistas era importante, porque refleja las expectativas de la futura rentabilidad de una empresa. Sospechamos que invertir en los empleados y crear mejores ambientes laborales rendiría frutos a la larga, en especial a medida que los trabajadores con experiencia ascienden a niveles laborales más altos. Pero nos fijamos en las tres mediciones financieras para asegurarnos de que nuestra evidencia fuera robusta.

Para entender qué tan bien se apegaron las empresas a los pilares, observamos lo que decían en reportes públicos y documentos fiscales, hablamos tanto con empleadores como con empleados y recorrimos sitios web como LinkedIn y Glassdoor para buscar información sobre el sentir de los empleados. Creamos un gran conjunto de datos de promesas y certificaciones relacionadas con los nueve pilares, asignamos una puntuación al desempeño de cada empresa y luego hicimos un análisis de regresión para ver cómo el uso que les dio la empresa afectó su desempeño financiero.

Para revisar una segunda y tercera vez nuestros hallazgos, colaboramos con JUST Capital y el Burning Glass Institute, ambos centros de investigación sin fines de lucro, para realizar el mismo análisis de regresión con los conjuntos de datos de sus propias encuestas. Si bien estas no atendían los nueve pilares del entorno laboral ganar-ganar, la coincidencia bastó para ser significativa: JUST Capital encuestó a 950 corporaciones con respecto a responsabilidad social; Burning Glass, como parte de su Índice de Oportunidades en los Estados Unidos y otras bases de datos propias, contaba con datos de trayectorias profesionales y compensación de casi cinco millones de trabajadores estadounidenses en 355 empresas de la lista Fortune 500.

Un sorprendente 96% de nuestros análisis mostró una correlación positiva entre el aumento en ingresos o ganancias y las prácticas de empleo de nuestros nueve pilares. Esta es la evidencia empírica incorporada en el nuevo orden mundial de *Ganar-Ganar: empodera a tus empleados y aumenta tus ganancias*.

HALLAZGOS CLAVE

1. Es mucho más probable que los empleadores que se centran en las voces de sus empleados los retengan y además logren ingresos significativamente más altos.

2. Los entornos laborales donde los empleados tienen vías claras hacia el ascenso interno logran mucho mayores ganancias y valuación que aquellos que carecen de ellas.

3. Las empresas en las que los empleados tienen planes de propiedad de acciones consiguen mucho mayores ingresos y activos.

4. Es más probable que los entornos laborales en los que las prestaciones laborales van más allá de lo tradicional —y ofrecen cuidados de personas dependientes, permisos de paternidad y guarderías infantiles subsidiadas— consigan ganancias y valuación más altas.

Este libro es tu hoja de ruta para conseguir esta visión, sin importar si eres director ejecutivo, alto ejecutivo, dueño de una pequeña empresa o un empleado que trata de mejorar. Exploraremos la necesidad urgente de transformación, las limitantes del modelo transaccional y el entorno laboral de suma cero, así como los principios fundamentales para construir un entorno laboral ganar-ganar. Profundizaremos en estrategias prácticas, mentalidades de liderazgo y los inevitables desafíos que encontrarás en el camino, todo presentado con casos de estudio realistas (¡y dinámicos!, espero).

Los casos de estudio que encontrarás en cada capítulo son historias reales de personas reales en organizaciones reales —en los Estados Unidos y el extranjero— con las que tuve contacto y que estudié en mi investigación. Esta no solo abarcó la recolección exhaustiva de datos y análisis previamente descritos, sino también entrevistas individuales con líderes de empresas y empleados por igual. En el capítulo 5, el segundo estudio de caso, titulado «Líderes globales de personas», se presenta como una combinación de tres organizaciones de mi investigación que, por razones competitivas y de propiedad, no quisieron ser identificadas.

ESTABLECER LOS PILARES

Pensemos en los pilares del entorno laboral ganar-ganar como rayos de una rueda de la fortuna que puedes girar para un pilar y después repetir para el siguiente, según las necesidades de tu entorno laboral. Este proceso cíclico de cambio ganar-ganar asegura mejora y adaptación continuas dentro del proceso de transformación del entorno laboral.

Seis pasos para poner en marcha el proceso de cambio ganar-ganar

Prepárate

1. **Comienza por centrarte en las voces de los empleados:** considera las vivencias y los conocimientos de los empleados e integra sus aportaciones y comentarios para fundamentar las decisiones de negocios. Habla con la gente en la primera línea. Presta atención específica a los gerentes de primera línea e incluye sus análisis de los retos y soluciones.

Actúa

2. **Selecciona con qué pilar (del segundo al noveno) trabajarás a continuación con base en las necesidades de tu entorno laboral:** déjate guiar por las necesidades y dolencias que identificaron los empleados.

Refina

3. **Empodera a los empleados para desarrollar nuevos enfoques para el pilar seleccionado:** ve más allá de los buzones de sugerencias, da a los empleados voz y voto para moldear las nuevas soluciones a los problemas que más les importan y más impacto tienen en su trabajo.

4. **Evalúa los resultados y la adopción de nuevos enfoques:** reúne retroalimentación de los empleados sobre la efectividad de los nuevos enfoques.

5. **Ajusta los nuevos enfoques según sea necesario:** colabora con los empleados para refinar y ampliar el impacto de los nuevos enfoques.

Comunica y aprende

6. **Transparenta la comunicación:** comparte actualizaciones sobre el proceso de implementación, los resultados de los cambios y los aprendizajes clave a partir de las acciones. Esta comunicación debe ser clara, concisa y accesible para todos los empleados.

Continúa el ciclo repitiendo los pasos dos a seis para el siguiente pilar. Centra las voces de los empleados de nuevo al seleccionar el siguiente pilar que atenderás y al desarrollar e implementar nuevos enfoques (la siguiente figura representa esquemáticamente el proceso de cambio ganar-ganar).

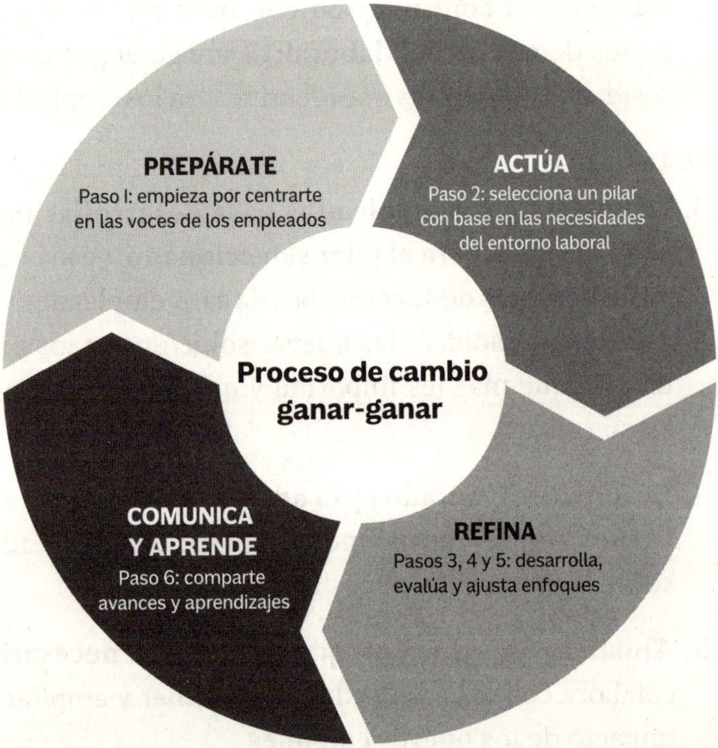

En el capítulo 1, «Centrarse en las voces de los empleados», consideramos la voz de los empleados "por lo que pueden opinar en los temas que más les importan" y su compromiso "gracias al cual se vuelven compañeros de ideas en todos los aspectos del negocio". Exploramos cómo poner en práctica la retroalimentación y la participación en la toma de decisiones de parte de los empleados. Este capítulo proporciona una línea continua hacia cada estrategia subsecuente, porque sin centrarse en las voces de los empleados el resto serían acciones sin ningún anclaje.

El capítulo 2, «Comprometerse con las relaciones ganar-ganar», presenta las trampas del entorno laboral de suma cero y nos invita a reimaginar la relación empleador-empleado y una cultura laboral que valore la mutualidad, el bienestar y se alinee con valores personales.

En el capítulo 3, «El empleado completo», atendemos un elemento de inclusividad que suele pasarse por alto en el entorno laboral y observamos las políticas y prácticas que honran las identidades multifacéticas de los empleados.

El capítulo 4, «Reimaginar las prestaciones laborales», explora la importancia de opciones flexibles de prestaciones que prioricen las decisiones y la autonomía de los empleados.

En el capítulo 5, «Activar a líderes de primera línea», nos dedicamos a las complejidades de maximizar el liderazgo de mandos medios, y ofrecemos estrategias para un cambio organizacional significativo.

El capítulo 6, «Reconsiderar las credenciales», desafía la noción de las credenciales tradicionales —currículo y diplomas— como la única medición de talento, y defendemos la contratación basada en habilidades, así como la inclusividad en la adquisición de talento.

Más adelante, el capítulo 7, «Desarrollar plantillas extensas de talento», se centra en las estrategias de retención y desarrollo de talento para el crecimiento a largo plazo.

En el capítulo 8, «Usar los informes de capital humano como estrategia competitiva», exploramos cómo la transparencia al reportar indicadores de capital humano puede mejorar la rendición de cuentas y el éxito organizacional.

En el capítulo 9, «Distribuir el liderazgo», defiendo estructuras organizacionales más horizontales que empoderan a los trabajadores y propician la colaboración y la innovación.

Finalmente, en el capítulo 10, «Cómo medir el impacto y el ROI en el entorno laboral ganar-ganar», ofrecemos una aproximación a cómo medir el retorno de la inversión de la implementación de nuestros nueve pilares.

Entonces, ya sea que estés listo para lanzarte de lleno o prefieras adoptar una estrategia más mesurada, la revolución del entorno laboral ganar-ganar te está esperando. Acompáñanos para aventurarnos juntos en esta travesía, para redefinir el futuro del trabajo un capítulo a la vez. Bienvenido a un mundo en el que el éxito se mide no solamente en conseguir ganancias, sino también en construir un entorno laboral en el que todos, desde el director ejecutivo hasta el becario, puedan realmente ganar. Si estás listo para sumarte a las filas de quienes se atreven a soñar con un mejor mundo laboral, da vuelta a la página, ¡y comencemos!

CAPÍTULO 1

CENTRARSE EN LAS VOCES DE LOS EMPLEADOS

Durante demasiado tiempo, muchos entornos laborales han pensado en los empleados como un insumo: inserta trabajadores y saldrán productos y ganancias. Un entorno laboral ganar-ganar trata a los empleados como una inversión: trátalos bien y cosecharás mayores ganancias. Es un cambio simple pero radical. Este comienza con centrarse en las voces de los empleados, buscar que expresen sus perspectivas y tomar en cuenta sus preocupaciones e ideas en la toma de decisiones de la empresa. Este es el pilar central del entorno laboral ganar-ganar, a partir del cual surgen todas las mejoras.

Las grandes empresas gastan miles de dólares al año en cada encuesta empresarial que administran. En realidad, algunas de las corporaciones más grandes del mundo tienen equipos enteros dedicados al *análisis del personal* que recolectan una inmensa cantidad de datos que, en teoría, deberían ayudar a estas organizaciones a mejorar la satisfacción de los empleados y reducir la rotación. De hecho, los empleadores hoy en día reúnen más retroalimentación de parte de sus empleados que nunca antes, ya sea con un buzón de sugerencias en el comedor, a la antigua usanza, o reportes de 360 grados (evaluaciones individuales de desempeño realizadas por supervisores, compañeros y subordinados) o el Índice de Promotores Netos, que es una medición de la lealtad y satisfacción del cliente. Entonces, la pregunta es: si se reúne tanta retroalimentación de los empleados, ¿por qué estos siguen sin sentirse escuchados? En 2024, los empleados se sintieron más infelices que durante el confinamiento de la pandemia.[1] Y la satisfacción de los empleados con respecto a sus empleadores se encuentra en uno de los porcentajes más bajos que se han registrado. Una encuesta de Gallup de 2022 reveló que 76% de los trabajadores cree que a sus jefes no les importa su bienestar.[2] Aparece de nuevo el modelo transaccional del entorno laboral de suma cero. Nuestro objetivo en un entorno laboral ganar-ganar es más que solo reunir retroalimentación de los empleados. Queremos *tomar medidas* con esa retroalimentación, dar a los empleados una voz auténtica y que influyan de manera tangible en las condiciones del entorno laboral que más importantes les parezcan. Nuestra meta es propiciar que haya empresas más saludables: más igualitarias, sostenibles y rentables.

Cualquier estrategia para crear un entorno laboral ganar-ganar, para ser efectiva, requiere que los empleadores analicen la cadena de valor de su negocio y se aseguren de que el empleado completo —su retroalimentación, sus aportaciones, su experiencia y sus vivencias, *además* de la experiencia empresarial que ha acumulado con sus trabajos de primera línea— esté representado en todas las áreas de la cadena de valor. Para ayudar a lograrlo, hay una especialidad recién surgida dentro del análisis de datos, llamada *análisis de personal*. La labor que realizan las empresas con la inteligencia artificial (IA) generativa para encontrarles sentido a sus datos promete brindar información vital sobre cómo desarrollar soluciones y programación inteligentes que les resulte más útil a los empleados y a la rentabilidad organizacional. A lo largo de este libro ofreceré ideas de cómo aprovechar esta tecnología en la construcción de nuestros pilares del entorno laboral ganar-ganar.

Con esto *no* digo que todo lo que los empleados afirmen en la retroalimentación deba seguirse al pie de la letra. Lo que *sí* quiero decir es que es esencial reconocer a los trabajadores en todos los niveles como fuentes valiosas de datos críticos, ideas con respecto a la innovación y oportunidades de eficiencia. Sus experiencias en el trabajo *y fuera* de él pueden tener un impacto financiero. En 2024, una investigación de Gallup encontró una relación entre el compromiso serio de parte de los empleados y los resultados de negocios positivos. Entre estos se incluye un aumento de 23% en la rentabilidad, de 18% en la productividad, de 10% en la lealtad y compromiso del consumidor y una menor rotación de personal.[3] Es un ganar-ganar simple: cuando los empleados están comprometidos ayudan a que sus negocios prosperen.

Nadie confía más apasionadamente en esto que Pete Stavros, un innovador en la organización de negocios que ha demostrado la eficacia de centrarse en las voces de los empleados (el primer pilar del entorno laboral ganar-ganar) en una manufacturera de puertas de cocheras poco conocida en Arthur, Illinois.

Estudio de caso

KKR: abrir puertas y ganar corazones

Kohlberg Kravis Roberts & Co. Inc., también conocido como KKR, es un gigante del mundo financiero global, que invierte en lo que considera negocios, proyectos de energía y bienes raíces menospreciados para ayudarlos a crecer y tener éxito. Cuando Pete Stavros asumió el liderazgo de la rama industrial dentro de KKR en 2005, empezó a experimentar con maneras de atender un problema común que aqueja a las compañías: relaciones tensas entre empleador y empleado que provocan entregas ineficientes, desperdicio y baja productividad. Como hijo de un trabajador de la construcción de Chicago que sacó adelante a su familia con un sueldo de 15 dólares por hora, Pete creció conociendo una sola clase de relación entre trabajador y jefe: la del conflicto. Su papá y sus compañeros parecían estar constantemente enemistados con su jefe. En especial por las horas. Se les pedía que trabajaran sin paga durante horas de comida y les reducían las horas sin explicación. «Cuando ganas 15 dólares por hora, lo único que quieres son más horas, e idealmente horas extra. Pero el empleador quiere exactamente lo contrario», compartió Pete.[4] «Había peleas interminables por las horas que resultaron en mal comportamiento y huelgas que mi familia tuvo que soportar. Mi papá decía: "Yo debería preocuparme por la calidad, el costo y hacer mi trabajo bien y a tiempo. Pero no es así"». Pete recordaba historias de cómo los empleados se desquitaban, por ejemplo, al ralentizar sus tareas, quedarse callados cuando veían oportunidades para ahorrar costos y desestabilizar intencionalmente las operaciones al agendar entregas cuando no habría nadie para recibirlas. Era aún peor que un escenario de suma cero, pues cada lado tomaba medidas para dañar al otro. Años más tarde, estas historias de su niñez alimentaron la determinación de Pete en KKR para mejorar las condiciones de los trabajadores —en especial de los empleos industriales de cuello azul— mediante una comprensión de la relación entre el compromiso de los empleados y los resultados del negocio.

Cuando KKR compró en 2015 C.H.I. Overhead Doors, una manufacturera de puertas de cocheras en Arthur, Illinois, Pete vio el potencial para aumentar la productividad en el verano, reducir desperdicios y mejorar la seguridad en C.H.I., aspectos que podían controlar los empleados. También vio la oportunidad de poner a prueba una nueva estrategia de compromiso de los empleados con la que había comenzado a experimentar unos años antes.

Primero, junto con la gerencia de C.H.I. se dio a la tarea de realizar una encuesta inicial a los empleados (el primer paso del proceso de cambio ganar-ganar: identificar las oportunidades para centrarse en la voz del empleado). Solo 30% de los trabajadores participó: un primer síntoma de los retos a los que se enfrentaba C.H.I. Aquellos empleados que sí respondieron indicaron que había desánimo y que no tenían fe en que la encuesta pudiera cambiar en absoluto su experiencia de trabajar en C.H.I. Habían visto cómo la manufacturera cambiaba de manos entre distintas sociedades de inversión privada cuatro veces en 13 años y se habían acostumbrado a que nada cambiaba. Habían escuchado promesas vacías antes —sobre volver la empresa un lugar mejor y más seguro para trabajar— y las lesiones seguían siendo comunes, ya que 14% de empleados reportaba lesiones cada año.

Pete entendió de inmediato que KKR y la gerencia de C.H.I. tendrían que tomar medidas audaces para lograr que los empleados cambiaran de opinión y para asegurar que los incentivos estuvieran alineados con los objetivos de los trabajadores. Junto con la gerencia de C.H.I, se dio a la tarea de implementar su experimento: la empresa convertiría a cada empleado en propietario y accionista financiero, prometiendo una parte de los beneficios con un pago mínimo de 15 000 dólares si la empresa alcanzaba sus objetivos en el momento de la venta. Tanto KKR como la gerencia de C.H.I. fueron transparentes con los trabajadores y comunicaron con claridad (pilar 8 del entorno laboral ganar-ganar) que su objetivo era vender la compañía para conseguir una ganancia dentro de cinco a siete años. La premisa, tal como KKR había probado con éxito en otras empresas, era que, si los empleados se sentían dueños y eran tratados como tal, estarían más interesados en el éxito de la empresa y sería más probable que sugirieran mejoras y manejaran los recursos de manera responsable.

Sin embargo, convencer a los empleados de que la oferta de la gerencia de compartir las ganancias era legítima resultó todo un reto, en vista de la profunda desconfianza y el resentimiento que se habían acumulado a lo largo de 13 años y múltiples dueños. Como primer paso para fomentar la confianza, Pete y el equipo de gerencia de C.H.I. se insertaron en las operaciones manuales cotidianas de la empresa. Pete pasó una semana en las rutas de entrega con los choferes de camiones de C.H.I. Otra semana, acompañó a vendedores en sus recorridos. La idea era identificar puntos problemáticos, como rutas de entrega ineficientes y desperdicio de chatarra, pero también familiarizarse con la experiencia del trabajador, escuchar sus preocupaciones e ideas (pilares 1 y 2 del entorno laboral ganar-ganar) y convencerlos de contribuir activamente con el cambio del entorno laboral. Ya que las ganancias de la participación en la propiedad no estaban garantizadas, la gerencia también tomó medidas de inmediato para demostrar que la compañía iba a invertir en los empleados e incluirlos en la toma de decisiones.

Pete y KKR aprobaron un presupuesto de un millón de dólares destinado a financiar mejoras de infraestructura en C.H.I. Esto fue una clara indicación del compromiso de la gerencia de C.H.I. de honrar las voces de los empleados. Estos primero solicitaron una fábrica con aire acondicionado, una inversión poco convencional para una planta no aislada de piso abierto. No obstante, KKR cumplió su compromiso y, como era de esperarse, fue algo que resultó ventajoso, pues mantuvo la productividad de los empleados durante los veranos calurosos. En años subsecuentes, los empleados de C.H.I. votaron para invertir en nuevas salas de descanso, una nueva cafetería con opciones de alimentos saludables y una clínica en las instalaciones. Adicionalmente, la gerencia organizó talleres de educación financiera en los que asesores financieros ayudaban a los empleados a entender su participación en la compañía, y también respondían a sus preguntas acerca de sus finanzas en el hogar. (Recordemos en este punto que parte del pilar 1 es considerar la realidad que viven los empleados fuera del lugar de trabajo). Un líder de suma cero quizá cuestione por qué esos *extras* fueron inversiones inteligentes; un líder ganar-ganar como Pete sabe que lo son. «¿Cómo logras que los empleados sientan que son dueños de sus resultados y que, juntos, somos dueños de esta compañía y de su rumbo? No se trata solo de repartir acciones», me dijo Pete en nuestra entrevista. «Todas estas cosas juntas son las que crean una cultura de responsabilidad compartida entre todos tus empleados».

El equipo gerencial de KKR y C.H.I. también estableció canales de comunicación para fomentar la aceptación de parte de los empleados. Buscaron soluciones impulsadas por estos, como reducir desechos de chatarra e identificar ineficiencias en la programación de entregas, lo cual resultó en una reducción de costos de mano de obra y combustible. La gerencia empezó a llevar a cabo *reuniones de dueños* trimestrales para mantener el circuito de retroalimentación de los empleados en movimiento —«más retroalimentación, más acción, más retroalimentación, más acción», como Pete lo describió— y para informar a los empleados sobre el progreso del negocio. Por ejemplo, las mejoras en seguridad —entre las que se incluyen la incorporación de protecciones en las máquinas y el uso obligatorio de gafas protectoras y zapatos con punta de acero proporcionados por la compañía— lograron que las lesiones reportables en la planta disminuyeran en más de 50%, al igual que la severidad de estas durante el tiempo que KKR fue dueño de C.H.I. «Con el tiempo, la gente se sentía involucrada y que podía confiar en el equipo de liderazgo», dijo Pete.

Durante los años en que KKR fue dueño de C.H.I., la empresa pagó cuatro dividendos de cerca de 9 000 dólares cada uno a los empleados. Pete los llamó un *momento wow* para trabajadores que quizá habían dudado de que su propiedad de acciones sirviera para algo. Recuerda vívidamente el proceso tortuoso —pero a lo sumo gratificante— de pagarles las acciones cuando C.H.I. se vendió en 2022. Para los 800 empleados no gerenciales, el pago promedio por su participación fue de 175 000 dólares, mucho más del mínimo prometido de 15 000. Pete llamó a algunos de los trabajadores para confirmar sus números de cuenta y compartirles en persona las buenas noticias del monto del pago: «El tesorero asistente estaba desbordado de emoción de lo que ese dinero significaría para su vida. Muchos de los trabajadores nunca habían tenido riqueza. Escuché historias de algunos que iban a pagar sus deudas, pagar su hipoteca, iban a poder invertir por primera vez». Por su parte, la compañía cosechó beneficios cuantificables después de priorizar las voces y el bienestar de los empleados. C.H.I. cultivó una fuerza de trabajo más comprometida, satisfecha y productiva que redujo los costos de operación, preservó el conocimiento institucional (al mejorar la retención del personal) e impulsó el éxito financiero de la empresa. Los números corroboran la historia de Pete:

los márgenes de ganancias de C.H.I. pasaron de 20% a un sorprendente 35% —*y además* consiguieron un aumento de 120% en el ingreso— a lo largo de los siete años de su transformación hacia un entorno laboral ganar-ganar.

Lo que indica la investigación

Mi investigación encontró que las organizaciones que escuchan activamente a sus empleados —y luego incorporan la retroalimentación en las decisiones de negocios y gestión y consideran las vivencias de sus empleados— tienden a tener un desempeño significativamente mejor, en términos financieros, que las organizaciones con entornos laborales de suma cero, en las que las aportaciones de los empleados no se fomentan y estos son tratados como partes remplazables de una máquina. Tras analizar datos de 355 empresas de la lista Fortune 500, encontré que de las empresas centradas en sus empleados que han invertido en entornos laborales ganar-ganar 39% tuvo activos más valiosos, 44% mayores ganancias y 38% mayores ingresos. Más aún, las organizaciones que se concentran en retener a sus empleados experimentan ventajas adicionales. Generan más ingreso por empleado y tienen una mayor valuación en relación con su ingreso. Estos hallazgos subrayan el papel crítico que las voces de los empleados y su retroalimentación puede tener en mejorar el desempeño financiero, el valor organizacional y el posicionamiento en el mercado.

Proceso de cambio: *seis pasos para centrarse en las voces de los empleados*

Prepárate

1. **Identifica oportunidades para centrarte en la voz de los empleados**: reconoce que los métodos tradicionales de obtener retroalimentación no han sido efectivos. Los empleados hoy sienten que sus voces no importan. Analiza tus encuestas pasadas de compromiso de los empleados para entender si las tasas de participación y respuestas indican que tu fuerza de trabajo siente lo mismo que 76% de los trabajadores que le dijeron a Gallup que a sus jefes no les importa su bienestar.

Actúa

2. **Prioriza centrarte en la voz de los empleados:** identifica oportunidades para integrar sus aportaciones y su retroalimentación a lo largo de todos los aspectos de la cadena de valor del negocio. Considera las vivencias y la pericia de los trabajadores al tomar decisiones. Crea vehículos para que puedan expresar percepciones acerca de su relación con el trabajo. Esto debe incluir el solicitar lo que piensan sobre las oportunidades de la empresa para aprovechar las relaciones y sus ideas para mejorar. El modelo de KKR organizaba regularmente *reuniones de dueños* con juntas semanales o asambleas trimestrales para compartir ejemplos de desempeño de la empresa, iniciativas estratégicas, avances en iniciativas de empleados, historias de éxito o aspectos culturales. A fin de

cuentas, la marca importa; y lo que queremos es que los empleados piensen como dueños e inviertan en el éxito de la compañía como tal.

Refina

3. **Trabaja en conjunto con los empleados para desarrollar nuevos enfoques a las relaciones laborales ganar-ganar:** ve más allá de los buzones de sugerencias al dar a los empleados voz y voto en el desarrollo de nuevos enfoques para las iniciativas y los programas que impactan en su trabajo. Por ejemplo, en el caso de KKR, la gerencia destinó un millón de dólares de su presupuesto operativo a financiar mejoras sugeridas y votadas por los empleados, entre las que se incluían aire acondicionado, optimización de las rutas de entrega y una clínica en las instalaciones.

4. **Evalúa los resultados y la adopción de nuevos enfoques:** sondea la opinión de los empleados sobre la efectividad de los cambios y haz reuniones regulares con tu fuerza de trabajo para comunicar la perspectiva de la empresa y discutir posibles pasos subsecuentes. Tal como Pete Stavros de KKR resumió este ciclo: «Más retroalimentación, más acción, más retroalimentación, más acción».

5. **Ajusta los nuevos enfoques conforme sea necesario:** mantén los canales de comunicación abiertos para obtener retroalimentación de los empleados y refinar de manera colaborativa los enfoques implementados para maximizar la efectividad.

Comunicarse y aprender

6. **Comunica el avance en la implementación de los nuevos enfoques, los resultados de los cambios y los aprendizajes de las acciones:** la gerencia de KKR y C.H.I. usó sus *reuniones de dueños* trimestrales para informar a toda su fuerza laboral acerca del estado de la empresa, el avance de las mejoras sugeridas por los empleados y el impacto empresarial medible de estas, por ejemplo, una mayor productividad en los meses de verano debido al nuevo aire acondicionado y los ahorros en costos gracias a la nueva optimización de rutas de entrega.

El estudio de caso de KKR proporciona ejemplos del mundo real de estrategias que abrazan el proceso cíclico de cambio ganar-ganar y llevan a un entorno laboral ganar-ganar:

- **Comprometerse con las relaciones laborales ganar-ganar y entender las preocupaciones de los empleados:** las experiencias de la infancia de Pete Stavros moldearon su deseo de mejorar la dinámica entre empleador y empleado. Reconoció el impacto negativo de que los trabajadores se sintieran menospreciados. ¿De qué maneras puedes ser más cercano a tus empleados? ¿Tus gerentes tienen las vivencias requeridas para ser empáticos no solo con tus clientes sino también con su personal?
- **Distribuir el liderazgo mediante estructuras de emprendimiento:** KKR convirtió en dueños a los empleados de C.H.I., con lo cual alineó sus objetivos con los de la empresa. Esto fomentó una sensación

de responsabilidad compartida. Exploraremos más estructuras como esta en el capítulo 9.

- **Reimaginar las prestaciones laborales e invertir en ideas de los empleados:** KKR destinó un millón de dólares a mejoras seleccionadas por los empleados, demostrando con ello un compromiso con sus voces.
- **Abrir los canales de comunicación:** KKR estableció sistemas para que los empleados propusieran ideas para mitigar los costos financieros y ambientales, como reducir el desperdicio de chatarra y mejorar las rutas de entrega.
- **Adoptar la transparencia con respecto al capital humano y la medición del éxito:** el objetivo de KKR era conseguir el compromiso de cada empleado con los objetivos de la empresa para los próximos cinco a siete años. Eso implicaba, en parte, comunicar con claridad cómo las funciones individuales contribuían con el objetivo e identificar cualquier brecha de habilidades que requería superarse mediante capacitación o programas de desarrollo. Esto aseguró que cada empleado entendiera su papel único en lograr la visión de la compañía. Los márgenes de ganancia y los ingresos de la empresa aumentaron de forma significativa, demostrando el impacto positivo de centrarse en las voces de los empleados.

En conjunto, estos pasos promueven una cultura de apertura radical en la que la retroalimentación de los empleados se busca, se valora y se atiende activamente. No es solo una práctica que nos hace sentir bien; es un imperativo estratégico. En las organizaciones más efectivas estos pasos forman un ciclo continuo de mejoras que permite que la organización libere una abundancia de potencial desaprovechado y construya un futuro del trabajo más equitativo, en el que el bienestar del empleado y el éxito de la empresa van de la mano.

Ahora que hemos aprendido sobre la importancia de centrar el bienestar de los empleados, concentrémonos en el capítulo 2 y en el compromiso con las relaciones laborales ganar-ganar.

CAPÍTULO 2

COMPROMETERSE CON LAS RELACIONES GANAR-GANAR

Sandra Sobieraj Westfall, corresponsal de la Casa Blanca, era una típica mamá trabajadora de la generación X, que hacía malabares para compaginar el trabajo con su familia y nunca dejaba que el jefe la viera en aprietos. Luego, una mañana en diciembre de 2013, en la que tenía una entrevista con la jueza suplente Sonia Sotomayor en la Suprema Corte, resultó que no tenía quién cuidara a su hijo. «Hice todo lo posible por encontrar una niñera, incluso consideré pedir al conserje del hotel que enviaran a un perfecto desconocido a mi habitación para que se quedara con Jonathan, mi hijo de 8 años —todo menos hacerle saber a mi editor que tenía un conflicto personal—», me relató Sandra, veterana de la Associated Press y la revista *People* en una entrevista en 2024.[1] Llegó a la conclusión de que era más fácil hacérselo saber a la jueza, y esperar lo mejor.

En un correo electrónico al personal de la cámara de Sotomayor, Sandra preguntó si Jonathan podía acompañarla a la Suprema Corte. «Me disculpé por ser poco profesional y prometí que Jonathan se sentaría en silencio con sus libros y no importunaría el valioso tiempo de la jueza». La respuesta casi instantánea hizo llorar a la desesperada mamá. «No», respondió la persona encargada, «Jonathan no se sentará en silencio en la recepción, sino que será el invitado especial de la jueza en su cámara, donde hay decoraciones navideñas y chocolate caliente». «Nunca olvidaré esta línea del correo electrónico: "La jueza cree que nadie debe nunca pedir disculpas por ser madre". Eso me cambió la vida», me contó Sandra, «cambió mi forma de pensar sobre ser una madre trabajadora y cómo superviso a otros padres que trabajan».

BASTA DE FINGIR

Atrás quedaron los días del entorno laboral de suma cero en el que trabajaba Sandra, cuando los empleados de las generaciones del *baby boom* y la X se conformaban con obtener un salario a cambio de realizar un trabajo, usualmente en un lapso de horas definido. Ya que había construido su carrera en la década de 1990, cuando el periodismo en Washington todavía era un campo en el que prevalecían los hombres, Sandra fue condicionada a realizar su trabajo sin que su vida personal se lo impidiera. Pero la mayoría de los miembros de las generaciones milenial y Z de la fuerza laboral del mañana no viven de esa manera. Ellos dan prioridad a tener un propósito, bienestar y a alinear su trabajo con valores personales. Esto requiere un cambio fundamental en cómo las empresas y organizaciones se acercan a sus empleados.

Fomentar las relaciones ganar-ganar —que prioricen tanto el éxito de la empresa como el bienestar de los empleados al reconocerlos como seres humanos tridimensionales— es la nueva manera de proceder. Sin embargo, el reto es que nunca se nos ha enseñado cómo relacionarnos de manera auténtica en el trabajo. En vez de ello, se nos ha enseñado a actuar *con profesionalismo,* y al hacerlo, muchos empleados silencian partes de quiénes son o bien se han sentido silenciados. Un trabajador podría estar en proceso de perder su casa, estar cuidando a una pareja con una enfermedad crónica o tener que tomar tres autobuses para llegar al trabajo porque su auto se descompuso, y aun así poner su mejor cara, llegar a la oficina y hacer su trabajo —y al diablo con el estrés y la distracción de todo lo demás—. Colocar este muro artificial entre el trabajo y la vida no les sirve ni a los trabajadores ni a los jefes ni a la empresa. En este capítulo nos basaremos en la información que obtuvimos en el anterior para explorar cómo podemos cambiar fundamentalmente la cultura del entorno laboral para adoptar lo humano y la conexión, más allá de jerarquías, nombramientos, departamentos y marcadores de identidad.

Nuestras personalidades laborales artificiales han dejado nuestras relaciones en el trabajo —si es que podemos llamarlas así— como mínimo deterioradas. Una de mis cuentas favoritas de Instagram se llama Corporate Snark [Sarcasmo corporativo]. Su descripción dice: «Humor laboral. Solo digo lo que ya piensas». La cuenta tiene casi 300 000 seguidores y publica videos diarios de escenarios laborales con los que todos estamos más que familiarizados: un empleado que salta de alegría cuando se cancela su junta semanal con el jefe, y un perro que gruñe porque todo el tiempo lo ponen en copia en correos electrónicos irrelevantes. Si bien puede resultar gracioso a primera vista, los videos y memes del entorno laboral que encontramos en las redes sociales reflejan la verdad más oscura de que muchos de nuestros colegas no se sienten a gusto en el trabajo.[2]

Y no es solo un problema estadounidense. De hecho, 84% de las personas en los Estados Unidos y 93% en el Reino Unido reportan trabajar en un ambiente tóxico, de acuerdo con encuestas de FlexJobs y Gleeson Recruitment Group, una empresa de reclutamiento con sede en el Reino Unido.[3] En China, después de que algunos directores ejecutivos alabaran públicamente la ilegal *cultura laboral 996*, en la que la gente trabaja un horario implacable de 9 a. m. a 9 p. m. seis días a la semana, el gobierno chino emprendió acciones para reforzar las protecciones laborales.[4] «A diferencia de sus padres, que creían que el trabajo arduo rendía frutos, ha habido un sentimiento cada vez mayor de insatisfacción entre los exhaustos jóvenes chinos que encuentran pocas recompensas en hacer lo mismo», reportó desde China la BBC en septiembre de 2021.[5] La legislación sobre el denominado *derecho a desconectarse* ha recorrido Europa de manera similar y se está considerando en Kenia. Con Francia a la cabeza, en años recientes media docena de países europeos ha promulgado leyes para garantizar —y proteger— los derechos de los trabajadores a no responder llamadas o correos electrónicos durante horas no laborales. Quienes las proponen citan la necesidad de salvaguardar la salud mental y el tiempo familiar de los trabajadores para evitar el *burnout* o agotamiento laboral. En el pasado, los jefes solían desestimar estas *preocupaciones relacionadas con el estilo de vida*, como les llamaban, o bien las ignoraban decididamente, mientras los trabajadores aprendían a *adaptarse para llevarse con los demás*. Se relacionaban de manera transaccional con sus colegas, supervisores y la alta dirección. Toleraban —y por lo tanto perpetuaban— el entorno laboral de suma cero.

CÓMO LLEGAMOS AQUÍ NOS MUESTRA EL CAMINO A SEGUIR

Una breve revisión histórica nos ayuda a entender cómo nos atoramos en la trampa de la suma cero; y también nos señala el camino hacia un futuro ganar-ganar. Nuestro entorno laboral moderno fue construido con los vestigios de sistemas intrínsicamente injustos. Las jerarquías en el lugar de trabajo, las prácticas gerenciales actuales y la organización del entorno laboral se establecieron cuando los negocios en los Estados Unidos aprovechaban el trabajo gratuito de personas esclavizadas.[6] Este sistema no fue creado para tratar a la gente de manera humana, mucho menos considerarla digna de confianza o con capacidad de acción y elección. En vez de ello, se diseñó para obtener la mayor productividad posible de cada aportación de capital humano. Dicho de forma más llana, el sistema deshumanizó brutalmente (y literalmente) a los trabajadores al convertirlos en *propiedad*, todo en nombre de las ganancias. Los vestigios de esto todavía se manifiestan en distintas partes, desde la expectativa de trabajar horas extra sin paga, hasta las estructuras de mando y control e, inevitablemente, las culturas y jerarquías de *nosotros contra ellos* que ya no le sirven a nadie. En resumen, durante siglos nos han educado en nuestra vida profesional para considerar el trabajo como algo impersonal y para cosificarnos unos a otros.

Y nada de esto ha sido tan bueno para los negocios como nos lo han hecho creer. Caitlin Rosenthal, destacada profesora de Historia Económica, ha realizado contribuciones significativas al desmentir los fundamentos del desarrollo capitalista y la teoría de que la acumulación de riqueza individual alimentará un progreso social más amplio. Rosenthal observa: «Las narrativas modernas del desarrollo capitalista suelen hacer énfasis en los resultados de suma positiva de muchas decisiones individuales. Sugieren que las decisiones libres, incluso egoístas, van de la mano con el crecimiento y la innovación. También dan por hecho que la vasta riqueza acumulada por unas cuantas empresas mejoró las circunstancias para muchos».[7] Nada de esto se ha corroborado. Tras indagar en la historia de los negocios de los Estados Unidos, Rosenthal deja claros los peligros potenciales de la búsqueda de ganancias cuando todo, incluso las vidas humanas, es tratado como una mercancía.

Esta inequidad es la raíz de la desconexión y el descontento en el entorno laboral moderno. De ella también han brotado realidades como la tasa de rotación de personal de 200% en el sector de las ventas que se da por sentado como parte de los modelos operativos y de negocios en las ventas. Dejando de lado las implicaciones morales de considerar a los trabajadores como engranajes remplazables en la maquinaría de los negocios, consideremos el costo desperdiciado de toda esa rotación de personal. ¿Y si esta no fuera un hecho aceptado, sino una anomalía?

Ese es el futuro que buscamos. Sebastian Buck, cofundador de Enso Future Design, que se especializa en la consultoría de organizaciones motivadas por una misión, ha encontrado —igual que yo en mi propia investigación— que la eficiencia y el bienestar de los empleados no tienen que excluirse mutuamente. «En su afán por alcanzar la eficiencia, que a menudo implica limitar justo aquellas cosas que hacen que el trabajo sea más satisfactorio, enriquecedor y placentero, los líderes pueden acabar por restringir precisamente aquello que en realidad buscan: la salud financiera», escribió Buck en 2023. «Pero el obstáculo más importante que hay que superar en la búsqueda de un mayor bienestar es el apego heredado de los líderes por priorizar las ganancias sobre las personas, lo cual resulta en peores resultados para ambos. Sin una verdadera intención hacia el bienestar, ningún progreso es posible».[8] ¿Cómo se manifiesta esa intención? Y ¿vale la pena? Sigue leyendo.

NO LE IMPORTO A MI JEFE: LA DESAPARICIÓN DEL MODELO TRANSACCIONAL

Las relaciones transaccionales han llevado a la fuerza laboral a un parteaguas, que culminó con la Gran Renuncia y sus consecuencias. Esta se refiere a una tendencia significativa en la que un gran número de empleados dejó su trabajo por voluntad propia, a menudo como respuesta a cambios en el entorno laboral provocados por la pandemia de covid-19. Estos cambios incluían oportunidades de trabajo remoto, revaluaciones sobre el equilibrio entre la vida laboral y personal, preocupaciones por la salud y la seguridad y un replanteamiento de las prioridades profesionales y los valores. Los agravios personales que alguna vez fueron silenciados ahora pueden difundirse y repetirse sin fin en las redes sociales. El resultado es un ambiente que enemista a empleados con otros empleados y también a empleados con sus empleadores y empresas. Como recordarás, según la encuesta de Gallup de la que se habló en el capítulo 1, un sorprendente 76% de los empleados se siente profundamente desatendido por sus empleadores y cree que su jefe en verdad no se preocupa por ellos.[9] ¡Imagina el impacto de pasar un tercio de tu vida sin sentirte apreciado!

Todo esto plantea una pregunta crítica para los líderes de las empresas: cuando una fuerza laboral siente que no le importa a sus líderes, ¿por qué a los empleados habrían de importarles los objetivos, planes estratégicos y las estrategias de crecimiento de la empresa? El motor tradicional de lealtad —el sueldo— ha perdido su resonancia. Los sueldos no están a la par de la inflación, y los individuos tienen que hacer frente a deudas hipotecarias y estudiantiles a 30 años.[10] En este contexto, la gente se está replanteando el valor del trabajo. Mi investigación demuestra que los negocios se benefician cuando se optimizan los vínculos empleado-empleado y empleado-empleador y todos en el entorno laboral sienten que pueden seguir siendo ellos mismos y ser considerados como seres humanos completos.

LA GENTE NO RENUNCIA A LOS TRABAJOS; RENUNCIA A LA *GENTE*

Por lo general, los trabajadores renuncian a sus trabajos cuando se desilusionan de la gente en su entorno laboral —compañeros o supervisores— debido a la ausencia de cualquier sentimiento de conexión humana con ellos.

Esto pone de manifiesto el imperativo de que las empresas —aquellas que deseen retener a su talento— reflexionen en serio sobre los fundamentos relacionales que apuntalan sus entornos laborales. Las limitantes de la cultura laboral transaccional son cada vez más evidentes. Cuando una organización se centra solo en ciclos de ganancias y producción a corto plazo, entonces el compromiso, la moral y la lealtad de los empleados se pierden. ¿A qué exactamente nos referimos con *compromiso de los empleados*? En un entorno laboral tradicional de suma cero, este es unidireccional: el compromiso positivo demostrado por los empleados hacia su trabajo y organización, un recurso importante para las pequeñas y medianas empresas que buscan adaptarse a un ambiente incierto. Pero el compromiso en un entorno laboral ganar-ganar es *bi*direccional —mutuo y entre pares—, en el que los empleados se comprometen al tener voz y voto en los temas que más les importan y que influyen en su desempeño laboral y resultados positivos en el negocio (por ejemplo, mayor rentabilidad, productividad y lealtad del consumidor).

Un estudio de Gallup de 2024 encontró que apenas 24% de los empleados estadounidenses siente que sus empleadores se preocupan por ellos.[11] Esto se traduce en altas tasas de rotación de personal, una puerta giratoria que les cuesta a las empresas entre 50 y 200% del salario anual de cada empleado perdido. De este modo, una organización manufacturera con cien personas que ofrezca un salario promedio de 50 000 dólares anuales y experimente una rotación promedio de entre 28.6 y 40% podría registrar costos de rotación y remplazo de aproximadamente 660 000 a 2.86 millones de dólares al año.[12]

Los ambientes laborales desconsiderados dañan a los trabajadores en lo personal también. La gente que experimenta malos tratos, como sarcasmo, interacciones degradantes, interrupciones o descortesías suelen sufrir de estrés e insomnio, de acuerdo con una investigación publicada en 2019 en *Occupational Health Science*.[13] El mal comportamiento de los demás en el trabajo también puede causar ansiedad, fatiga e incluso enfermedades físicas y dolencias mentales, así como declives en la productividad y la moral, de acuerdo con la encuesta Society for Human Resources Management Survey de 2018.[14] En ese estudio, 66% de los trabajadores estadounidenses atribuía la reducción de la productividad a malos tratos, mientras que 59% percibía que los malos tratos en el lugar de trabajo socavaban los ánimos de los empleados. Encontrar la manera de trabajar bien con los compañeros de trabajo no solo es bueno para los trabajadores; es crítico para la salud financiera y el bienestar de la empresa.

La fuerza laboral de hoy en día ansía un equilibrio entre la vida personal y el trabajo, apoyo para la salud mental y la oportunidad de contribuir con algo significativo. Los empleados valoran la autonomía y las oportunidades de crecimiento, y se sienten atraídos por empresas con valores que resuenan con los suyos. Además, el rápido avance del cambio tecnológico exige pasar del trabajo aislado a la innovación colaborativa. Las conexiones ganar-ganar, basadas en la confianza y el respeto mutuos, y alineadas con los pilares del entorno laboral ganar-ganar, fomentan la clase de trabajo en equipo necesario para cultivar este ambiente dinámico.

Estudio de caso

La prosperidad vinculada de Ben & Jerry's

En el panorama dinámico de la responsabilidad social corporativa, Ben & Jerry's ha sido un referente de innovación en justicia social y el bienestar de sus empleados y comunidades circundantes.

Fundada sobre los principios de igualdad y justicia, la empresa de helados ha integrado estos valores en su modelo de negocios, y ha construido a una cultura laboral con la que sus empleados se identifican fuertemente. En este estudio de caso mostraremos que la justicia social es un resultado de centrarse en las voces de los empleados, como se recomendó en el capítulo 1, y de comprometerse con una cultura laboral de conexión humana. Hacer una declaración sobre un problema de justicia social es una cosa; la verdadera transformación se produce cuando garantizamos que los empleados pueden aportar todo su potencial las 52 semanas del año como parte de un modelo de negocio operativo sostenible.

El innovador trabajo de Ben & Jerry's en la justicia social es bien conocido. Lo que no lo es tanto es el compromiso interno de la empresa con la equidad, pues busca crear prosperidad para todos aquellos relacionados con el negocio. Para Ben & Jerry's el ingrediente más importante es la gente. Tal como me compartió el cofundador Jerry Greenfield:

> Siempre hemos creído que nuestro éxito está directamente relacionado con el bienestar de nuestros empleados. Cuando estos se sienten valorados, respetados y escuchados, están más comprometidos, son más creativos y, al final, nos ayudan a llevar los mejores productos y experiencias posibles a nuestros clientes. Lo llamamos *prosperidad vinculada*: la idea de que nuestro negocio no puede tener éxito a menos que

> nuestros empleados, proveedores, vecinos y entorno también prosperen, lo cual crea una situación ganar-ganar para todos los que están conectados con el negocio.[15]

Esta comprensión constituye el eje central y el motor del modelo de negocios de la empresa, lo que lleva a un fuerte desempeño financiero, una base de clientes fieles y una ventaja competitiva general.

El concepto de Ben & Jerry's de prosperidad vinculada implica que el éxito del negocio debe compartirse con todos los involucrados en hacer su helado. Es un distanciamiento del modelo tradicional de negocios que se centra meramente en maximizar las ganancias para los dueños de las acciones.

Ben & Jerry's va más allá de solo ofrecer salarios competitivos al proporcionar un paquete de prestaciones integrales (seguro médico, vacaciones pagadas, membresías de gimnasio) e incluso beneficios divertidos como helado gratis. Esto demuestra que la compañía valora el bienestar y la seguridad financiera de sus empleados al mismo tiempo que reconoce cómo contribuyen al éxito de la empresa. Adicionalmente, Ben & Jerry's ha ofrecido Planes de Propiedad de Acciones para Empleados (*Employee Stock Ownership Plans* o ESOP) en el pasado, con lo que vinculó directamente la fortuna de los trabajadores con el desempeño de la empresa. Esta combinación de paga competitiva, prestaciones, beneficios y una potencial propiedad de acciones ejemplifica su compromiso con una prosperidad vinculada para el equipo interno.

He aquí algunos ejemplos de cómo Ben & Jerry's pone esto en práctica en su comunidad más extendida:

- **Ingredientes de comercio justo:** la empresa obtiene muchas de sus materias primas, como el cacao, el café y el azúcar, mediante una certificación de Comercio Justo. Esto asegura que los agricultores obtengan un precio justo por sus cosechas, además de un extra que pueden usar para mejorar sus comunidades.[16]

- **Apoyo a los productores de leche:** también paga a los productores de leche un extra sobre el precio del mercado por su producto. Este dinero puede usarse para mejorar los salarios, las condiciones de trabajo o para invertir en la propia granja lechera.[17]
- **Enfoque comunitario:** Ben & Jerry's apoya causas de justicia social mediante su fundación, y usa sus recursos para crear conciencia y luchar por un cambio positivo.

En términos generales, la prosperidad vinculada busca crear un modelo de negocios más sostenible y equitativo. Al asegurarse de que todos los involucrados reciban un buen trato, Ben & Jerry's cree que puede crear un mejor producto y una empresa más fuerte en el largo plazo.

Los objetivos de Ben & Jerry's de tener una fuerza laboral que comparta su misión y sus éxitos —y refleje la diversidad de sus clientes— ayudan a la empresa a propiciar un modelo de negocios sostenible de las siguientes maneras:

- **Innovación:** una fuerza laboral diversa en la que se fomenta *a*) que los empleados aporten todo su ser al trabajo y *b*) que aprovechen sus vivencias para ofrecer a la compañía una gama más amplia de ideas para su éxito.
- **Retención de empleados:** sentirse valorado y visto como contribuyente al negocio central resulta en una mayor retención y satisfacción de los empleados, lo cual reduce los costos de reclutamiento y entrenamiento.
- **Relevancia de mercado:** entender las necesidades de comunidades diversas gracias a una cultura de comunicación y conexión con sus empleados le per-

> mite a la empresa, junto con las aportaciones de los empleados, desarrollar productos y mensajes que resuenan con un público más amplio.

Además, desde 1988, Ben & Jerry's ha adoptado un enfoque de transparencia para seguir y reportar sus finanzas y programas —otra clave hacia un entorno laboral ganar-ganar y una de la que hablaremos más en el capítulo 8—. El Reporte de Evaluación Social y Ambiental (*Social & Environmental Assessment Report* o SEAR) de la empresa incluye una revisión de terceros de las prioridades de la compañía para cada año, y toda esta información está disponible al público en el sitio web de la compañía. El impacto es evidente, con 8 600 millones de dólares en ingresos en 2023 y un margen operativo de 10.8%, Ben & Jerry's sigue logrando su meta y misión de crecimiento sostenible. En el capítulo 10 discutiremos cómo seguir este ejemplo para medir el impacto y el retorno de la inversión en el entorno laboral ganar-ganar.

La clave para un cambio duradero se encuentra en entrelazar estas acciones con programas y políticas, el tejido mismo de la organización. Cómo una empresa evalúa a sus empleados, lleva a cabo entrevistas e incluso celebra los éxitos puede transformarse para reflejar un enfoque en el bienestar y el crecimiento. Necesitamos ir más allá de los gestos simbólicos y asegurarnos de que las prácticas cotidianas encarnen los valores declarados de la empresa. La fuerza laboral moderna tiene opciones que está ejerciendo de maneras nunca antes vistas. Los trabajadores de alto desempeño buscan ambientes que den prioridad a su bienestar y crecimiento. Una cultura del miedo es una receta para la mediocridad, no para la excelencia.

La cultura empresarial puede marcar la diferencia entre perder o atraer a nuevos empleados que crean más en la misión que en un sueldo. Cuando una compañía logra crearse una marca exitosa al promover sus valores, cosecha vastas recompensas. Los empleados alineados con la visión acuden en masa a la empresa, trabajan con entusiasmo y comunican las virtudes de la empresa. La cultura *es* estrategia.

La historia de Jobina: *palabras huecas* vs. *acción*

Durante muchos años, Jobina Gonsalves disfrutó de una próspera carrera como jefa de Recursos Humanos para Bosch en Singapur. A pesar de ser extranjera (Jobina es india), me dijo en una entrevista de 2023 que en un inicio se sentía muy apoyada por su equipo y su empresa.[18] Bosch había proclamado abiertamente un compromiso con la diversidad y la comunicación intercultural. Además, Bosch era global y afirmaba que «promover un libre intercambio de ideas entre personas de diferentes culturas solo ampliaría su alcance y comercialización». Era todo lo que Jobina quería escuchar.

Pero con el paso del tiempo experimentó que la innovación era escasa y los estereotipos negativos estaban fuera de control. En algún momento, un supervisor le dijo a Jobina que ella no «conseguiría la aceptación» que necesitaba para volverse «una líder india en una sociedad china en Singapur». La realidad era que la cultura empresarial no coincidía con sus valores declarados, y Jobina lo sabía. «La cultura que yo veía que mi gerente propagaba no se alineaba con mis valores», me dijo. «El color de mi pasaporte no debería definir lo buena o mala que soy».

A pesar de todo, Jobina no estaba en busca de un nuevo empleo cuando un cazatalentos se le acercó para ofrecerle un puesto en TÜV SÜD, una empresa que realiza pruebas de seguridad, inspección y certificación a nivel global. El cazatalentos la convenció del potencial del puesto: TÜV SÜD tenía que ver con todas las industrias, todas verticales, tenía una fuerte orientación a largo plazo y se concentraba en invertir en su fuerza laboral actual y atraer a quienes tuvieran valores similares a los de su cultura de innovación y empoderamiento de los empleados. A TÜV SÜD le importaban todos los aspectos de la seguridad en el lugar trabajo, entre ellos la seguridad fisiológica y la diversidad. Sin embargo, Jobina era escéptica, había escuchado a Bosch afirmar lo mismo.

Pero durante su primera entrevista de trabajo en TÜV SÜD, se dio cuenta de que era una empresa diferente. Todas las personas con las que hablaba parecían identificarse con el *propósito* de la organización mucho más que con sus salarios. Mientras que la permanencia promedio de un alto ejecutivo es de 4.9 años a nivel global, los de TÜV SÜD alcanzan un promedio de más de una década. Cuando Jobina aceptó el puesto, pasó su primer día en la sede alemana de la empresa; en su piso encontró a colegas de 22 nacionalidades diferentes. Pero la verdadera confirmación de que TÜV SÜD vivía de acuerdo con sus valores le llegó cuando anunció que quería pasar de liderar la División de Recursos Humanos de Asia y el Pacífico a algo diferente a nivel global. Nadie trató de encajonarla o disuadirla de intentarlo. En vez de ello, los demás la alentaron a seguir su pasión. «Mientras fuera capaz de salir de mi zona de confort y alzar la mano para proyectos de crecimiento, tenía la oportunidad. Creo que esa es la razón por la que sigo aquí», me dijo Jobina, «porque tuve la oportunidad de probar algo diferente y aventurarme, y la compañía siempre me dio su apoyo».

La experiencia de Jobina es reveladora. En su anterior empresa había una severa desconexión perceptible entre los valores declarados de *innovación* y *empoderamiento de los empleados* y su verdadera cultura. Desde su perspectiva, esta resultaba en una toma de decisiones centralizada. Jobina se sentía desapegada e insatisfecha, lo cual finalmente la llevó a buscar empleo en otra parte.

EL PODER DE LA CULTURA EMPRESARIAL RELACIONAL

Una cultura empresarial relacional es una ventaja estratégica en el entorno laboral moderno. Tal como dice la célebre frase atribuida a Peter Drucker: «Culture eats strategy for breakfast» [La cultura desayuna estrategia]. Con base en mi investigación y trabajo, una cultura empresarial relacional es una que se construye sobre los siguientes cimientos:

- **Confianza:** fomentando la comunicación abierta y la seguridad psicológica.
- **Valores compartidos:** al asegurarse de que los valores de la empresa no sean meras palabras en un cartel, sino principios básicos que se reflejen en acciones.
- **Comunicación abierta:** con la creación de un entorno en el que los empleados se sientan cómodos compartiendo ideas y preocupaciones.

La experiencia de Jobina en TÜV SÜD ejemplifica el poder de una cultura empresarial relacional. El enfoque de la compañía en el bienestar de los empleados, el desarrollo a largo plazo y las perspectivas globales resonaron profundamente con ella. Los canales de comunicación abiertos le permitieron compartir sus ideas y preocupaciones, y se sentía valorada y apoyada. Esta sensación de pertenencia y de tener un propósito mejoraron de manera significativa su experiencia de trabajo.

LOS BENEFICIOS DE UNA CULTURA DE CONEXIÓN GANAR-GANAR

Las ventajas de las relaciones ganar-ganar van mucho más allá de la satisfacción de los empleados e incluyen lo siguiente:

- **Mayor compromiso de los empleados:** es más probable que se sienten valorados y apoyados se comprometan con su trabajo.
- **Mayor productividad:** una fuerza laboral feliz y motivada es una fuerza laboral productiva.
- **Menor rotación de personal:** las relaciones ganar-ganar llevan a una fuerza laboral más leal, lo cual reduce los costos asociados con el reclutamiento y la capacitación de nuevos empleados.

En comparación con trabajadores de entornos laborales con bajo nivel de confianza y de suma cero, los de empresas de alta confianza reportan 74% menos estrés; 106% más energía en el trabajo; 50% más productividad; 13% menos días de ausencia por enfermedad; 76% más interacciones positivas con su trabajo y organización; 29% más satisfacción con sus vidas en general y 40% menos *burnout*.[19] Esto se traduce en ahorros significativos para las empresas, puesto que conservar el talento es mucho más redituable que reclutar y capacitar a nuevos empleados.

Para superar esta mentalidad necesitamos restablecer la parte humana en el entorno laboral. Esto significa priorizar las voces y el bienestar de los empleados, tal como discutimos en el capítulo 1. También significa encontrar una nueva manera de trabajar. Pero ¿qué significa ser humano en el trabajo? Y ¿qué significa construir relaciones ganar-ganar?

¿Qué tipo de prácticas y estrategias de diseño organizacional llevan a la creación de culturas laborales únicas y exitosas? Tanto la experiencia de Jobina como el estudio de caso de Ben & Jerry's proporcionan ejemplos de estrategias del mundo real para conseguir un entorno laboral ganar-ganar potenciado por el tejido conectivo de un equipo altamente funcional que avanza en la misma dirección: ¡hacia el éxito colectivo! A continuación, verás cómo puedes conseguirlo tú también.

Lo que indica la investigación

Mi análisis encontró que las empresas que cultivan una cultura de conexión centrada en lo humano tienen un mejor desempeño financiero que sus pares en la industria. Los datos de 355 empresas de la lista Fortune 500 revelaron una fuerte correlación entre las relaciones positivas de empleados —como alto compromiso de estos, tasas bajas de rotación de personal y paquetes integrales de prestaciones— y los indicadores financieros robustos, entre los que 46% de esas empresas tuvieron una mayor rentabilidad, y 55% tienen un alto desempeño en valuación y en ganancias, como porcentaje de ventas.

Estas empresas experimentan un aumento significativo en la valuación, lo cual indica un aumento en la confianza de los inversionistas y el valor total de la empresa —una base sólida para el éxito financiero futuro—. Las empresas también consiguen un notable aumento en el ingreso, que sugiere una mayor productividad y una base de consumidores más fuerte. Además, sus activos muestran un crecimiento apreciable, lo que solidifica su fuerza financiera. Muchas de estas empresas cuentan con tasas de desempeño financiero positivas en relación con sus pares, un fuerte indicador de la rentabilidad y eficiencia generales.

Invertir en el bienestar de los empleados —mediante prácticas como la condonación de la deuda estudiantil, como ofrece Abbott Laboratories, o el programa de bienestar en salud mental que el Kimpton Hotel & Resturant Group ofrece a cada uno de los empleados— es clave para la cultura de conexión de un entorno laboral ganar-ganar.[20] Estas prácticas pueden traducirse en un aumento significativo en su porcentaje de salario vital (*Living Wage Percentage* o LWP), lo que demuestra un impacto positivo en su rentabilidad. El LWP es una medición desarrollada por JUST Capital, una organización de investigación sin fines de lucro que mide qué tan bien tratan las grandes empresas estadounidenses a sus empleados al tomar en cuenta diversos factores, entre estos los salarios. El LWP se concentra en específico en el porcentaje de empleados de tiempo completo de una empresa a los que se les paga un salario vital que les permite costear sus necesidades básicas, como alojamiento, comida, cuidado infantil y transporte en la comunidad en la que viven. Adicionalmente, estas empresas experimentan menores porcentajes de deserción, lo cual se traduce en menores costos relacionados con la rotación de personal. Esto, junto con el fuerte indicador de una mejora en los resultados financieros, refleja ahorros en los costos asociados a la retención fuerza laboral feliz y productiva.

Al crear un entorno laboral ganar-ganar que prioriza tanto el bienestar de los empelados como el desempeño financiero, las empresas pueden conseguir una fuerza laboral fiel y productiva. Al final, esto lleva a una mayor rentabilidad y valor en el mercado, lo que beneficia tanto a los empleados como a la organización en conjunto.

Proceso de cambio: *seis pasos para construir una cultura de conexión centrada en las personas*

Prepárate

1. **Empieza por centrarte en las voces de los empleados:** crea vehículos para visibilizar, aclarar y entender lo que los empleados piensan de la cultura laboral existente. ¿Cuáles son sus percepciones de lo que es *profesional* y qué reglas no escritas existen de cómo se espera que se presenten en el trabajo? ¿Qué limites, reglas y expectativas les funcionan y cuáles les causan problemas? Antes de poder resolver problemas y construir una cultura más productiva y centrada en lo humano, necesitas entender la perspectiva completa de tu fuerza laboral y qué políticas y comportamientos se deben cambiar.

Actúa

2. **Comprométete con una cultura de conexión ganar-ganar:** guíate por la retroalimentación de los empleados para cultivar una visión clara para las relaciones ganar-ganar y asegúrate de que los valores de tu empresa promuevan la colaboración y el cuidado. Incluye a los empleados en darle forma a esta visión: ¡sus voces importan!

Refina

3. **Trabaja con los empleados para desarrollar nuevos enfoques para las relaciones laborales ganar-ganar:** ve más allá de los buzones de sugerencias al darles voz y voto en el desarrollo de iniciativas y pro-

gramas nuevos que más les importen e influyen en su trabajo a medida que surjan nuevas circunstancias y preocupaciones. Por ejemplo, no era parte de la estrategia de bienestar de los empleados de Ben & Jerry's que hubiera sindicatos. Pero cuando 40 empleados de una tienda en Vermont votaron en 2023 para crear un sindicato, la dirección de la empresa tuvo que tomar una decisión: ¿de verdad estaban tan *unidos* a su fuerza laboral o eran palabras huecas? La dirección terminó por apoyar el deseo de los empleados de sindicalizarse.[21] Un portavoz de Ben & Jerry's dijo:

> Reconocer y apoyar los derechos de los empleados de la tienda de Burlington de formar un sindicato y negociar colectivamente es coherente con los valores progresistas de Ben & Jerry's y su misión de tres partes. Agradecemos que haya sido un proceso colaborativo y respetuoso en el que nuestros heladeros estuvieron plenamente incluidos.[22]

Esto demuestra la durabilidad de los pilares del entorno laboral ganar-ganar en el modelo de negocios de Ben & Jerry's. Desde su fundación como empresa privada en 1978 hasta su salida a la bolsa en 1985, para luego convertirse en una filial de propiedad exclusiva de Unilever en 2000 y, finalmente, llegar a la más reciente sindicalización en 2024, la cultura ganar-ganar de conexión centrada en lo humano y las relaciones laborales ha pervivido.[23]

4. **Evalúa los resultados y la adopción de nuevos enfoques:** obtén retroalimentación por medio de encuestas regulares y grupos focales, monitorea la

participación y el interés por las actividades, y evalúa el impacto con indicadores clave de desempeño, como la satisfacción de los empleados y la cohesión de equipos. Por ejemplo, Ben & Jerry's evalúa la efectividad de su enfoque de *prosperidad vinculada* reuniendo retroalimentación sobre su paquete de prestaciones y monitoreando la participación en los Planes de Propiedad de Acciones para Empleados, con lo cual asegura que los empleados se sientan valorados y comprometidos con el éxito de la empresa.

5. **Ajusta los nuevos enfoques según sea necesario:** organiza sesiones de retroalimentación para discutir las mejoras, analiza datos para identificar áreas de ajuste e implementa cambios iterativos. Compromete a empleados promotores que apoyen los cambios y comuniquen con transparencia cualquier ajuste. Por ejemplo, Ben & Jerry's se comunica continuamente con los empleados para refinar sus prestaciones y beneficios, como helado gratis y seguro médico, para asegurarse de que sigan siendo relevantes y valiosos. Esta retroalimentación constante ayuda a la empresa a mejorar y extender el impacto de su modelo de prosperidad vinculada.

Comunícate y aprende

6. **Comunica el progreso de la implementación de los nuevos enfoques, los resultados de los cambios y los aprendizajes de las acciones:** incluye en esta comunicación a los empleados, así como a otras partes externas interesadas.

SUPERAR LOS RETOS Y CONSTRUIR PARA EL FUTURO

Implementar los pilares del entorno laboral ganar-ganar no carece de desafíos. Las limitantes presupuestarias, la resistencia cultural y los indicadores de éxito pueden ser obstáculos. Sin embargo, las empresas pueden construir un sólido argumento comercial a favor del cambio demostrando el retorno de la inversión en términos de retención de empleados y productividad. La comunicación abierta que invita al personal a contribuir con el desarrollo de procesos y políticas en el entorno laboral puede ayudar a aumentar la alineación estratégica y cultural, al mismo tiempo que asegura que todos adopten las prácticas ganar-ganar.

Las relaciones ganar-ganar y una cultura de conexión centrada en lo humano son una fórmula segura para una mayor productividad y retención de empleados. Más allá de eso, un beneficio más profundo podría ser fomentar el potencial humano. Al priorizar el bienestar y el propósito, las empresas pueden aprovechar una fuente de creatividad, innovación y resiliencia. Los empleados que se sienten valorados y empoderados no solamente serán productivos; también serán contribuyentes apasionados, motivados por el deseo de marcar una diferencia en la competitividad, la cuota de mercado, la rentabilidad, la responsabilidad, las ventas y el éxito en general de la organización. En mi investigación para desarrollar los pilares del entorno laboral ganar-ganar encontré evidencia cuantificable de que las organizaciones menos jerárquicas tienen beneficios financieros. En el análisis de datos del Índice de Oportunidades Estadounidense (*American Opportunity Index*) y el desempeño financiero de empresas descrito en el capítulo anterior encontré evidencia de que las empresas con medias salariales más altas —controlando las diferencias entre industrias y ocupaciones— y porcentajes más altos de trabajadores estadounidenses que ganan un sueldo digno ven retornos positivos y tangibles en sus inversiones en términos de ingresos y ganancias y tienen una mejor cultura y mejores relaciones laborales.

En este capítulo aprendimos cómo los entornos laborales ganar-ganar transforman las relaciones jerárquicas, orientadas a la supervisión, en relaciones basadas en la transparencia, el respeto profundo y la alineación de valores, que son motores del éxito. Aquí, tanto los empleados como los negocios prosperan.

En el capítulo 3 profundizaremos en el concepto de inclusión interseccional. Esta exploración busca arrojar luz sobre cómo la vida de un empleado fuera del trabajo tiene un impacto en su desempeño. Ofreceremos estrategias para superar potenciales barreras y propiciar un ambiente justo y dinámico que promueva el crecimiento individual y el éxito general del negocio... ¡Comencemos!

CAPÍTULO 3

EL EMPLEADO COMPLETO:
CÓMO LA INCLUSIÓN INTERSECCIONAL LIBERA EL POTENCIAL

Imagina un equipo que trabaja en desarrollar una app de *fitness*.

Un líder en un entorno laboral de suma cero pensaría solo en las habilidades de los miembros del equipo e iría en busca de un desarrollador, un publicista y un diseñador. Ese líder establecería una fecha límite y esperaría los resultados.

Los líderes ganar-ganar, en cambio, buscarían algo mucho más profundo. Igual necesitarían un desarrollador, por supuesto, pero también pensarían en qué más podría aportar. Un desarrollador con una discapacidad física, por ejemplo, podría asegurarse de que el equipo no cree, sin querer, un producto que discrimine a los discapacitados. Una publicista que sea mamá aseguraría que el producto se comunicara de manera cercana con su público prospectivo. En otras palabras, los líderes ganar-ganar consideran a la persona completa y las contribuciones tridimensionales que pueda hacer al equipo, con base en su origen y vivencias. Para los líderes ganar-ganar, los empleados no son meros cuerpos que llenan vacantes de una lista.

Durante demasiado tiempo, las empresas han temido considerar los datos demográficos al formar un equipo. No obstante, la investigación ha demostrado continuamente que los equipos diversos tienen mejor desempeño que los no diversos: generan más y mejores ideas y ofrecen perspectivas sobre accesibilidad, funcionalidad y nuevos públicos consumidores que los equipos menos diversos podrían pasar por alto.[1] Las identidades combinadas de los miembros de los equipos crean una perspectiva valiosa que fortalece el producto final y su estrategia de venta. Al entender y aprovechar estas intersecciones de identidades las empresas pueden fomentar la innovación y el éxito.

¿QUÉ ES LA INTERSECCIONALIDAD Y CÓMO TE PUEDE SER ÚTIL?

La *interseccionalidad* es un término acuñado por la académica en Derecho Kimberlé Crenshaw en 1989, surgido originalmente de la teoría y el activismo feministas para responder a las experiencias únicas de mujeres negras que enfrentaban formas interseccionales de discriminación con base en su raza y género.[2] En esencia, la interseccionalidad reconoce que los individuos tienen múltiples identidades sociales —como raza, género, clase, sexualidad, discapacidad, etc.— que se entrecruzan e interactúan mutuamente, lo cual moldea su experiencia de maneras únicas y profundas.

El proceso de cambio ganar-ganar defiende la exploración interseccional y busca enfatizar cómo todas las identidades y vidas de los empleados fuera del trabajo influyen en su desempeño dentro del entorno laboral. En el trabajo, los empleados suelen desempeñar múltiples papeles y poseer varias identidades. No obstante, estas complejidades suelen pasarse por alto, al reducir a los individuos a una sola identidad, como su raza o género. Los rasgos centrales para la identidad de una persona, como las responsabilidades de cuidado, creencias religiosas o habilidades físicas, podrían pasar desapercibidos a menos que los empleadores, gerentes y colegas creen activamente un ambiente en el que la persona completa y la realidad completa de la persona puedan reconocerse. Por ejemplo, un veterano sin un título universitario, pero con una valiosa experiencia adquirida durante su servicio, que quizá sufra de un desorden de estrés postraumático, aporta una perspectiva única y es capaz de enfrentarse a retos únicos.

Crear un entorno laboral interseccional —uno que, al seguir nuestro ejemplo, pueda aprovechar la experiencia y perspectiva única del veterano al mismo tiempo que se adapte a sus retos únicos— requiere más que solo políticas flexibles. Se trata de fomentar una sensación de comunidad y aceptación. Al reconocer la riqueza de las identidades de los empleados y el valor que aportan, las empresas pueden combatir el *burnout* y crear un ambiente verdaderamente inclusivo.

Esto requiere invertir en estrategias que vayan más allá de los tradicionales enfoques de diversidad, equidad e inclusión (DEI). Una comprensión matizada de las necesidades de los empleados, a lo largo de todas las intersecciones, es clave para construir un entorno laboral en el que cada voz es valorada y contribuye al éxito del negocio. De otro modo, cuando los empleadores pierden las oportunidades que ofrecen las identidades interseccionales de sus empleados, se arriesgan a perder el potencial de crecimiento que las perspectivas de los empleados le aportan al negocio, y también a perder talento de alto potencial.

Estudio de caso

Los costos ocultos de las identidades ocultas

A sus 32 años, Gerald Singer era un veterano en transición a la vida civil después de servir en el Ejército estadunidense. A pesar de que su servicio militar lo había equipado con habilidades valiosas, le resultaba difícil encontrar un trabajo satisfactorio. Después de una serie de trabajos de salario mínimo, por fin consiguió un puesto en un área que aprovechaba sus fortalezas: la logística. Le resultaba familiar rastrear el inventario para la planta de manufactura, era como gestionar los suministros para su pelotón. Sobresalía en agendar y organizar los envíos, maximizar la eficiencia y aprovechar las fortalezas de su equipo, tal como hacía en el Ejército.

A pesar de su dedicación al trabajo y actitud positiva, la puntualidad de Gerald empezó a decaer misteriosamente después de cuatro meses en su puesto. Genevieve Richards, su gerente, compartió que ella creía en entender a sus empleados y abordar los problemas de manera directa. Sin embargo, la estricta política de asistencia de la empresa daba poco espacio a la flexibilidad. Después de varios retrasos, Genevieve recordó en una entrevista conmigo que se «sintió obligada» a tomar medidas disciplinarias.[3]

Un día, mientras estaba en su descanso, Genevieve se dio cuenta de que Gerald venía corriendo de la parada de autobús, sudando y sin aliento. Esto dio pie a una conversación que reveló la raíz de sus retrasos: tenía problemas con su auto. Como era el único proveedor de su familia, su presupuesto no le alcanzaba para reparaciones automotrices. En vez de ello, aprovechando su ingenio militar, ideó un horario para ir al trabajo en autobús. Lo que solía ser un trayecto de media hora en auto ahora implicaba un trasbordo de autobús y casi dos horas de puerta a puerta. Peor aún, su horario meticulosamente planeado dependía de que el autobús llegara a tiempo, una apuesta que solía perder.

Cuando los autobuses se retrasaban, tenía que llegar corriendo, preocupado por llegar tarde y perder su trabajo. Entonces, corría como si su vida dependiera de ello porque su medio de subsistencia *sí* dependía de ello.

Con cada explicación, Genevieve experimentaba «una sensación creciente de arrepentimiento», me dijo meses después. Por concentrarse tanto en su propio desempeño no había considerado que Gerald enfrentaba desafíos fuera del trabajo. Antes de su racha de impuntualidad, ella ni siquiera sabía que era veterano. Si bien había notado su disciplina y respeto por la autoridad, no había ahondado en ello ni le había ofrecido su apoyo. Ahora, después de haber tomado medidas disciplinarias, Genevieve se dio cuenta de que ella y la empresa «habían perdido la oportunidad de ayudar a un empleado valioso» a superar un problema temporal.

DIFICULTADES OCULTAS EN EL ENTORNO LABORAL

Los retos a los que se enfrentan los empleados van mucho más allá de conseguir transporte confiable. En los Estados Unidos y a lo largo y ancho del mundo enfrentan un sinfín de problemas que quizá no se mencionan en las conversaciones en el trabajo, pero que ocupan una proporción significativa de sus pensamientos. A continuación, algunos ejemplos de lo que los empleados podrían estar enfrentando:

- Aproximadamente 600 millones de adultos en edad laboral en todo el mundo —o el 17% de la población mundial en edad laboral— proporcionan cuidados a niños, adultos mayores o personas con discapacidad o enfermedades crónicas, según un reporte de la Organización Internacional del Trabajo.[4]
- En 2021, Feeding America proyectó que 42 millones de estadounidenses (uno de cada ocho) experimentarían inseguridad alimentaria ese año, y el Urban Institute reportó que 17% de trabajadores plenamente empleados experimentó inseguridad alimentaria en 2022.[5]
- La mitad de los adultos que viven en refugios para personas sintecho y casi dos quintas partes de las personas que duermen en la calle tenían trabajo durante el año en que pasaron a estar en esa situación, según un reporte de 2021.[6]
- La Organización Mundial de la Salud estima que una de cada cuatro personas en el mundo se verá afectada por un desorden mental o neurológico en algún momento de su vida.[7]
- Múltiples estudios han encontrado que miembros de la generación Z tienden a reportar más enfermedades mentales que las generaciones previas, y un estudio encontró que 42% de la generación Z ha autorreportado una condición de salud mental.[8]

Actualmente, son escasas en el entorno laboral las conversaciones sobre la inseguridad alimentaria, los sintecho, las enfermedades mentales o el cuidado de familiares con padecimientos, y pocos normalizan que se hable de estos temas. Eliminar el estigma de estos puede ayudar a que los empleados se sientan más comprendidos en el trabajo y los gerentes puedan empezar a construir una cultura laboral de apertura, al predicar con el ejemplo y permitir que las corporaciones evolucionen de entornos laborales de suma cero a entornos laborales ganar-ganar.

ENTENDER AL DESCONOCIDO JUNTO A TI

¿Qué tan bien *realmente* conocemos a nuestros colegas? ¿Sabes si la persona que te saluda en la recepción tenía otra carrera antes de su puesto actual? ¿O si estudia en las noches? ¿Sabes si la persona que repara la impresora cuando se atasca también toca en una banda de jazz en su tiempo libre? ¿Sabes si está planeando tener a su primer hijo? Estas podrían parecer preguntas frívolas, pero nos llevan a una pregunta importante más amplia: ¿qué hay bajo la superficie de plantilla laboral, qué los motiva y qué les interesa?

Un apabullante 82% de los empleados indica que es importante que su organización los vea como una persona, no meramente como un trabajador.[9] Pero solo 45% de los empleados cree que sus organizaciones los consideran más que eso.[10] Para fomentar un entorno laboral efectivo, esta brecha debe cerrarse.

Para Gerald, llegar al trabajo todos los días se volvió complicado por su estatus socioeconómico: su incapacidad de pagar las reparaciones de su auto tuvo un impacto en su asistencia, la edad de su vehículo lo hacía más propenso a fallas mecánicas, y cambiar de modelo era algo imposible de costear con su ingreso. Aun así, decidía correr en vez de sentarse con Genevieve a hablar de sus problemas.

Consideremos este comportamiento a la luz de un estudio publicado en el *Journal of Business and Psychology* que encontró que era más probable que los empleados que reportaban niveles más altos de estrés financiero encubrieran sus dificultades frente a colegas y empleadores. Estas estrategias son similares a aquellas que usan los miembros de otros grupos marginados para evadir estereotipos y estigmas en el lugar de trabajo. Los empleados evitaban mencionar dificultades económicas, restaban importancia a posesiones materiales o adoptaban comportamientos frugales para evitar que se les percibiera como financieramente irresponsables. A su vez, el estudio encontró que presentar esta clase de comportamientos de encubrimiento financiero tenía una correlación con reportes de menor satisfacción laboral y una mayor angustia psicológica. Otro estudio, publicado en el *Journal of Applied Psychology*, encontró que era más probable que los empleados que tenían deudas experimentaran *estrés relacionado con deudas*, asociado con un menor desempeño laboral, menor satisfacción laboral y mayores intenciones de rotación.

Además, la carga de los costos de transporte no se reparte por igual entre la fuerza laboral. Muchos líderes y personas en puestos gerenciales rara vez piensan dos veces en cómo llegar al trabajo, como Genevieve. Por supuesto, los empleados de alto nivel también se ven afectados por días de mucho tráfico y aumentos en los precios de la gasolina, pero sus costos de transporte no representan un porcentaje significativo de su sueldo neto. Sin embargo, trabajadores alrededor del mundo gastan entre 15 y 29% de su ingreso neto en transporte, uno de los mayores gastos después del alojamiento.[11] En octubre de 2023, *The New York Times* escribió en su primera plana sobre la tendencia cada vez más común de trabajadores que viven en su auto porque no pueden pagar una renta.[12]

Las estructuras jerárquicas hacen que sea más complicado para muchos ejecutivos de alto nivel tener la conexión personal necesaria para empatizar con o entender las experiencias y los diversos retos que sus empleados enfrentan fuera del trabajo o cómo esas experiencias pueden afectar su desempeño laboral. Esto es un problema porque, en promedio, la mayoría de la gente pasa un tercio de su vida en el trabajo. Así, cualquier problema fuera de este —como la inseguridad de vivienda— se vuelve un problema de la empresa. Los retos personales resultan en un fenómeno llamado *presentismo,* que es cuando los empleados se presentan a trabajar enfermos, agotados o demasiado distraídos por problemas personales como para concentrarse en su carga de trabajo, lo cual a fin de cuentas puede resultar más caro que el ausentismo.[13]

No hay que subestimar el efecto iceberg del presentismo. Es como si un atleta llegara a una carrera con fiebre. Quizá esté físicamente presente, pero su desempeño sufrirá. Esto se muestra de diferentes maneras:

- **La productividad se desploma:** los empleados presentistas tienen dificultades para concentrarse, cometen más errores y a menudo tienen que repetir el trabajo.[14]
- **Los costos se inflan:** remediar estos errores requiere tiempo y recursos. Además, no cumplir con las fechas

límite y necesitar ayuda extra de los colegas son maneras ocultas de drenar las finanzas de la empresa.[15]
- **La enfermedad se contagia:** que la gente acuda a trabajar enferma física y mentalmente tiene un efecto dominó con los colegas, y esto resulta en más ausencias y declives en la productividad.[16]

La investigación lo deja muy claro: el presentismo puede ser diez veces más costoso que el ausentismo. Considéralo: remplazar a un empleado cuesta entre 50 y 200% del salario anual de un empleado, mientras que el presentismo puede mermar lentamente las ganancias año con año.[17]

¿Cuál es la buena noticia? Las políticas laborales de apoyo que permiten que los empleados se presenten plenos son el ganar-ganar definitivo. Cuando se sienten valorados y empoderados para cuidar de sí mismos, eso impulsa tanto su bienestar como el desempeño de la empresa.

EL PODER DE ENTENDER AL EMPLEADO COMPLETO

Reconocer y valorar las vivencias de los empleados puede ser un motor poderoso de éxito organizacional. Cuando los líderes se toman el tiempo de entender los retos personales que enfrentan los miembros de su equipo y alientan la comunicación abierta, pueden alcanzar nuevos niveles de compromiso e innovación. Consideremos la historia de Yamini Rangan, directora ejecutiva de HubSpot, la compañía líder en *software* que proporciona una plataforma integral para *marketing* de atracción, ventas y servicio al cliente. Su trayectoria desde la India rural hasta la dirección de una empresa de 30 000 millones de dólares destaca el impacto profundo de la autenticidad y la resiliencia. Su liderazgo demuestra que reconocer y valorar los diversos contextos y fortalezas de los empleados puede transformar la cultura de una empresa y llevarla a resultados excepcionales.

La historia de Yamini: *el impacto de la autenticidad*

El camino que Yamini Rangan recorrió para llegar a ser una ejecutiva de alto nivel da argumentos a favor de las estrategias interseccionales que utilizaron sus vivencias de la infancia y su formación como ingeniera para ayudarla a volverse una vendedora de alto nivel. Tras crecer en un pueblo pequeño donde no había escuela secundaria, su objetivo inicial fue simplemente completar su educación. «Lo único que yo pensaba era: ¿cómo voy a lograr ir a la secundaria y terminarla? Ni me pasaba por la cabeza dirigir una compañía multimillonaria», compartió en una entrevista en 2023.[18] Sin embargo, su curiosidad incansable y su amor por el aprendizaje la impulsaron a salir adelante. «Mi trayectoria ha sido completamente no planeada y accidental, en muchos casos, pero diría que, tal vez, algo sí tenía: curiosidad y amor por aprender, y de eso se ha tratado todo mi viaje».[19]

Su carrera dio un giro significativo durante la recesión de 2001 cuando se vio forzada a pasar de un puesto de *marketing* a ventas. «Cuando llegué el primer día de mi carrera en *marketing*, me dijeron: "El puesto ya no está disponible. Ahora estás en ventas"». Sin ninguna experiencia en ventas, recurrió a lo que ya sabía. «Traté las ventas como un problema de ingeniería [...] y eso me ayudó a volverme una mejor vendedora, no era la manera común en que la gente lo hacía. Y, sinceramente, he aprendido que solo tienes que ser auténtica y aprovechar tus propias fortalezas».

El panorama cultural del puesto también era nuevo para Yamini. «Lo primero que haces es ver una oficina llena de personas que no se parecen a ti. No son indios; no son mujeres. Pero todos son exitosos», compartió. «Y empiezas a pensar: "¿Cómo puedo seguir sus pasos?"». Los deportes parecían un camino fácil para acercarse a sus nuevos colegas, dijo, pero no era buena jugando golf —ni siquiera le gustaba ver el programa *Sunday Night Football*—. «Muy pronto en mi carrera de ventas, en el sector de tecnología, decidí que simplemente iba a destacar en vez de encajar».[20]

Cuando Yamini fue elegida inesperadamente para dirigir HubSpot después de que el director ejecutivo anterior Brian Halligan tuviera un accidente, se concentró en una visión orientada hacia el futuro:

> Lo primero que ocurre [...] es como el síndrome del impostor, me digo: «¿Seré capaz de hacerlo? ¿Podré tomar el lugar de alguien que ha sido un visionario, que ha hecho un trabajo tan fenomenal con la empresa?». Empiezas a hacerte todas esas preguntas. Ahora me doy cuenta en mi carrera de que no son más que un desperdicio de energía. No te ayudan, no ayudan a la empresa, no ayudan a la causa que tratas de seguir.[21]
>
> ¿Qué es lo que más me importa si se me ha dado esta oportunidad? Hacer de HubSpot una mejor empresa, fomentar una mejor cultura, promover la diversidad en el sector tecnológico y estar presente con mi familia. Cada medida que tomo se alinea con esas cuatro cosas que quiero lograr. No se basa en el pasado. No se basa en quién estaba en el puesto y lo maravilloso que era en el puesto. Se trata del futuro que estoy comprometida a crear, y eso cambia la trayectoria.

El enfoque de Yamini de la cultura empresarial es dinámico y adaptativo, similar a la evolución de un producto con base en la retroalimentación de los usuarios. «En HubSpot, pensamos en la cultura como si fuera otro producto. ¿Y qué pasa con tu producto? No permanece igual con el paso de los años. Constantemente evolucionas tu producto y, para nosotros, evolucionamos todo el tiempo nuestra cultura». Ella comparó esta parte de su función con la de un gerente de producto cultural, preguntándose: «¿Cuál es la mejor característica y cuál la más solicitada?». Esta manera de pensar ha llevado a cambios significativos, tales como la transición de una fuerza laboral predominantemente presencial en la oficina a una en la que 88% de los empleados ahora trabaja desde casa o tiene acuerdos flexibles.

Aprovechar las identidades de los empleados como ventaja competitiva no es una mera iniciativa en HubSpot; es parte del ADN de la empresa. «Es absolutamente intencional [...]. Construimos productos para servir a comunidades, y si no podemos plasmar cómo esas comunidades se representan a sí mismas, entonces en realidad entra un sesgo», explicó Yamini. Este compromiso se refleja en el liderazgo de HubSpot, que está compuesto por 50% de mujeres, y su consejo directivo por 60% de mujeres y personas de color. «Yo entré a la industria de la tecnología a mediados de la década de 1990, y no se veía así», compartió.

La convicción de Yamini con respecto al beneficio de tener empleados con una amplia gama de perspectivas y experiencias es inequívoca: «Estoy harta de tratar de demostrar con datos que hay diversidad, solo tenemos que ser diversos. Eso es todo». Para ella, el imperativo es claro: la diversidad no se trata solamente de cifras, sino de crear un ambiente en el que todos los empleados puedan presentarse como personas completas y con una gama de identidades, lo cual fomenta la innovación y ayuda a servir mejor a los clientes.

El liderazgo de Yamini en HubSpot ilustra el impacto profundo de la autenticidad, de poner en práctica el valor de identidades interesantes y asegurar continuamente que la cultura de la empresa satisfaga las necesidades tanto de los empleados como de los clientes a los que sirven. La trayectoria y las apreciaciones de Yamini ofrecen un recordatorio poderoso de que cuando los líderes se presentan como personas completas y traen sus identidades interseccionales al trabajo, no solo liberan el potencial individual, sino también el éxito colectivo.

PERSONAS COMPLETAS Y RENDIMIENTOS ECONÓMICOS: LO QUE MUESTRAN LOS DATOS

Aprovechar las identidades interseccionales y vivencias de los empleados puede mejorar profundamente la innovación y la inclusión dentro de una empresa, lo cual brinda beneficios tanto creativos como económicos. La investigación muestra constantemente que, en comparación con equipos homogéneos, los equipos diversos tienen un mejor desempeño en la resolución de problemas e innovación al poner sobre la mesa una gama más amplia de perspectivas y enfoques. En 2019, McKinsey & Company encontró que, en términos de diversidad étnica y cultural, las empresas del primer cuartil tuvieron un mejor desempeño que aquellas en el cuarto cuartil con una diferencia de 36% en rentabilidad.[22] Aún más, la investigación sugiere que integrar neurodiversidad en los equipos de liderazgo puede ayudar a las organizaciones a liberar un potencial desaprovechado, así como otros beneficios. Un artículo en la *Harvard Business Review* afirma que los equipos que incluyen a neurominorías, como empleados con trastorno de déficit de atención o dislexia, tuvieron un mayor potencial de llegar a ideas únicas y obtener soluciones innovadoras a problemas.[23]

Consideremos lo siguiente: se ha reportado que varios directores ejecutivos altamente exitosos, entre los que se incluyen Charles Schwab, Elon Musk y Richard Branson, son neurodivergentes.[24] En conjunto, sus empresas gozan de un valor neto que supera el billón de dólares. Sin embargo, en la fuerza laboral más amplia, solo 1% de los gerentes corporativos se identifica como neurodivergente, en comparación con una prevalencia estimada de 10 a 20% en la población general.[25] Esta marcada discrepancia sugiere que los individuos neurodivergentes ocultan activamente su condición o que no son tomados en cuenta para puestos de liderazgo. El potencial desaprovechado va más allá de la neurodiversidad. Las empresas que no logran crear ambientes inclusivos en los que los empleados se sientan seguros compartiendo su identidad completa —neurodivergencia, etnicidad, identidad de género y las intersecciones de estas identidades— se pierden de una fuente significativa de talento de alto nivel.[26]

Al aprovechar las habilidades y los contextos únicos de los empleados con diferentes estilos de vida, las organizaciones pueden fomentar una cultura de creatividad y adaptabilidad que también mejore los ánimos de los empleados y las tasas de retención. Los estudios han demostrado que los entornos laborales inclusivos tienen niveles más altos de compromiso y satisfacción de los empleados, lo cual resulta en una menor rotación de personal y una mayor productividad. Más aún, las empresas que priorizan la diversidad y la inclusión suelen experimentar un mejor desempeño financiero, pues los equipos diversos son más hábiles para entender y satisfacer las necesidades de una base de clientes diversa.[27]

Lo que indica la investigación

Según mi análisis de datos de 355 empresas de la lista Fortune 500, implementar estrategias de inclusión interseccional centradas en igualdad de género y raza puede llevar a un entorno laboral ganar-ganar con numerosos beneficios:

1. **Un entorno laboral diverso e inclusivo:** estas estrategias promueven la diversidad, lo que aporta una variedad de perspectivas e ideas, y propicia la innovación y la creatividad dentro de la empresa.
2. **Compromiso a largo plazo de los empleados:** promover la igualdad de género al ascender a los empleados y buscar la paridad entre grupos raciales y étnicos puede mejorar el compromiso a largo plazo de los trabajadores. Es más probable que los empleados que perciban igualdad y oportunidades justas se queden en la empresa, reduciendo con ello las tasas de rotación de personal y los costos asociados.
3. **Responsabilidad ética y social:** las empresas que priorizan la inclusión interseccional demuestran un compromiso con prácticas éticas y responsabilidad social. Esto mejora su reputación entre los actores interesados, como clientes, inversionistas y la comunidad en general.
4. **Cumplimiento legal:** atender los problemas relacionados con la igualdad salarial y los objetivos de diversidad no solo mejora la cultura de la empresa, sino que también asegura el cumplimiento de los requerimientos legales. Este enfoque proactivo puede mitigar riesgos jurídicos y responsabilidades potenciales por demandas de discriminación.

Adicionalmente, 37% de las empresas que implementan estrategias de inclusión tiene un buen rendimiento en sus activos, y 42% de las empresas con un desempeño fuerte en lo interseccional es bien valorado, lo cual demuestra una correlación con el éxito del negocio.

Proceso de cambio: *seis pasos para construir un entorno laboral interseccional*

Prepárate

1. **Identifica oportunidades para centrarte en la voz de los empleados:** lleva a cabo encuestas o realiza grupos focales para preguntar al personal por sus vivencias en el trabajo. ¿Cuál es la intersección entre sus identidades (cuidado de dependientes, neurodiversidad, origen geográfico, etc.) y cómo influyen en su experiencia de trabajo?

Actúa

2. **Establece metas de inclusión interseccional:** el enfoque de DEI tradicional suele concentrarse en categorías amplias, que pueden perder de vista las necesidades específicas de los individuos. Las estrategias de inclusión interseccional buscan atender esto al reconocer que todos tienen experiencias únicas moldeadas por diferentes vivencias.

   - **Diseña iniciativas específicas:** con base en tu auditoría y retroalimentación de los empleados, diseña programas y políticas específicas que atiendan problemas identificados. Esto puede requerir capacitación sobre sesgos inconscientes, programas de mentoría para grupos subrepresentados o arreglos de trabajo flexibles que den espacio a necesidades diversas.
   - **Normaliza la comunicación abierta:** crea un espacio seguro para que los empleados compartan sus desafíos personales sin miedo a que los juz-

guen. Esto puede significar ofrecer canales de apoyo confidencial (como un programa de asistencia) o mecanismos de retroalimentación anónima.

- **Desafía los supuestos previos:** capacita a gerentes y líderes para reconocer que las experiencias en apariencia universales pueden ser muy diferentes entre los empleados. Un entorno laboral silencioso puede parecer ideal para alguien con una neurodivergencia, pero aislante para otro.

Refina

3. **Trabaja con los empleados para desarrollar nuevos enfoques a las estrategias de inclusión interseccional**

   - **Enfócate en la inclusión basada en fortalezas:** identifica las fortalezas y perspectivas únicas que los empleados neurodivergentes o aquellos que enfrentan retos personales puedan aportar al equipo. La historia de Yamini Rangan destaca el valor de aprovechar fortalezas únicas. Ella no trató de encajar jugando golf, sino que usó su formación de ingeniera para sobresalir en las ventas. Esto se alinea con el concepto de concentrarse en las fortalezas que los empleados aportan con base en sus experiencias e identidades.
   - **Grupos de recursos para empleados (ERG, por sus siglas en inglés) como defensores:** empoderar a los ERG que ya existen o crear nuevos es clave al momento de identificar necesidades interseccionales y abogar por soluciones. Los ERG brindan un espacio para que los empleados com-

partan experiencias, identifiquen retos y propongan soluciones.

- **Elimina activamente el estigma de la vulnerabilidad:** promueve la comunicación abierta con respecto a retos personales. Alienta a los empleados a compartir sus experiencias mediante talleres de *storytelling* o grupos de apoyo anónimos para fomentar un sentido de comunidad y evitar la vergüenza.

4. **Evalúa los resultados y la adopción de nuevos enfoques:** con base en la retroalimentación de los empleados y el análisis de datos, prepárate para adaptar y mejorar tus estrategias interseccionales. Esto demuestra un compromiso con el aprendizaje y crecimiento continuos.

- **Indicadores y análisis de datos:** establece indicadores claros para dar seguimiento al progreso de los objetivos de inclusión interseccional. Esto podría implicar encuestas a empleados sobre bienestar, tasas de retención para grupos diversos o tasas de ascensos entre distintas demografías.
- **Discusiones de grupos focales:** después de probar nuevos enfoques, lleva a cabo discusiones con grupos focales para entender las experiencias de los trabajadores y conseguir retroalimentación sobre la efectividad de las estrategias.
- **Revisa la retroalimentación:** busca retroalimentación constante de los ERG sobre el impacto de las iniciativas interseccionales en sus necesidades y preocupaciones específicas.

5. **Ajusta los nuevos enfoques conforme sea necesario:** mantén abiertos los canales de comunicación para obtener retroalimentación constante de los empleados y refina de manera colaborativa los enfoques implementados para maximizar la efectividad.

Comunícate y aprende

6. **Comunica el progreso de la implementación de los nuevos enfoques, los resultados y los aprendizajes:**
   - **Comparte historias de éxito:** destaca ejemplos de cómo la inclusión interseccional ha beneficiado tanto a empleados como a empresas. Esto puede inspirar a otros y demostrar el valor de dichas estrategias.
   - **Celebra la vulnerabilidad de los empleados:** reconoce y agradece a quienes compartan sus vulnerabilidades y experiencias personales. Esto demuestra el compromiso de la empresa con crear un espacio seguro e inclusivo para todos. Recordemos cómo Yamini expresó sus cuatro prioridades en su puesto, entre las que se incluía estar presente como madre. Necesitamos permitir a los demás que personalicen sus objetivos y motivos para trabajar.
   - **Normaliza *presentarte como una persona completa* a trabajar:** crea una cultura en la que los empleados se sientan cómodos siendo auténticos en el trabajo mediante el *storytelling,* campañas internas de comunicación y acciones de liderazgo. Cuando Yamini, como directora ejecutiva de HubSpot, hizo la transición de una fuerza de trabajo que estaba predominantemente en la oficina a un modelo de

trabajo flexible, supo aprovechar las fortalezas de un equipo diverso y creó una cultura que fomenta la innovación y sirve mejor a los clientes. Este enfoque se alinea con el concepto de *presentarte como una persona completa* en el trabajo y demuestra los resultados positivos de la inclusión interseccional.

En este capítulo aprendimos cómo la interseccionalidad ayuda a las empresas a superar el mero cumplimiento de objetivos de diversidad para aprovechar todo el potencial de una fuerza de trabajo auténticamente inclusiva. Esto propicia la innovación, fortalece el alcance del mercado y por último lleva a un negocio más exitoso y sostenible. Por otra parte, la inclusión interseccional lleva a una mayor satisfacción, compromiso, productividad de los empleados y —una vez más— al éxito financiero.

Ahora que hemos abordado cómo la interseccionalidad, la inclusión y la comprensión de las identidades y necesidades diversas de los empleados contribuyen a un entorno laboral ganar-ganar, pasemos al capítulo 4, en el que abordaremos la urgencia y el valor de reimaginar las prestaciones laborales.

CAPÍTULO 4

REIMAGINAR LAS PRESTACIONES LABORALES

En muchos momentos a lo largo de tu carrera seguramente has considerado la importancia de tu paquete de prestaciones laborales. Quizá incluso hayas tomado decisiones con base en el paquete que te ofrece un posible empleador. Pero ¿alguna vez te han consultado con respecto a qué debería ser parte del paquete estándar de prestaciones? ¿Cómo puede un entorno laboral atender verdaderamente las necesidades de los empleados sin consultarlos?

Con demasiada frecuencia, no escuchar al personal lleva a resultados subóptimos, lo cual, a su vez, puede manifestarse en la asignación inadecuada de recursos y resultar en un entorno laboral de suma cero. Cuando los empleadores no cumplen con escuchar las necesidades de sus empleados, los valores siguen desalineados, y estos tienen que concentrarse en sus propias necesidades en vez de en las de la empresa. Las prestaciones de un trabajo deberían coincidir con las necesidades de los empleados que las reciben.

Este capítulo se explaya sobre el tema que se tocó en el capítulo 3: lo que un entorno laboral ganar-ganar necesita hacer para asegurarse de que sus prestaciones coincidan con los intereses de sus empleados. Observaremos cómo los puntos interseccionales son dinámicos en su naturaleza para ayudarte a tener una visión más clara de por qué las prestaciones laborales que verdaderamente incentivan requieren personalización y flexibilidad. Y estas características solo pueden hacerse económicamente a escala, con el uso de la tecnología.

La historia de Vickie: *hacerse cargo de un trabajo y de padres que envejecen*

Vickie Braden, gerente de *marketing* experimentada en el vibrante corazón de Los Ángeles, llevaba una vida de éxito con la libertad de disfrutar la independencia de su soltería. Me describió sus días como una combinación de creatividad, autonomía y fechas límite. Hasta que la trama de su vida dio un giro imprevisto.[1] El padre de Vickie, piedra angular en su arquitectura emocional, sufrió un infarto, y de la noche a la mañana Vickie pasó a ser responsable no solo del bienestar de su padre sino también de la enorme carga financiera que lo acompañaba.

Los paseos en auto alguna vez desenfadados de los que disfrutaba Vickie se transformaron en un peregrinar incesante, con trayectos de más de 160 kilómetros a un centro de rehabilitación. Esto afectó no solo sus emociones sino también sus finanzas. La carretera se volvió su compañera constante, cada kilómetro era una lección de sacrificio y determinación.

Durante esta época difícil, su empleador resultó ser un aliado inesperado. Un jefe comprensivo reconoció su necesidad de estar fuera de la oficina, y Vickie tuvo la libertad de trabajar desde el centro de rehabilitación de su padre.

Una conexión a una red privada virtual (VPN, por sus siglas en inglés) para su laptop era el puente que conectaba lo profesional y lo personal.

Aun así, las presiones se hicieron patentes, y durante esos meses de trabajo remoto, Vickie descubrió las limitaciones de las prestaciones que su trabajo le ofrecía. Como mujer soltera sin hijos, las prestaciones estándar de guarderías infantiles no le servían para nada. Pero esa era la única versión de prestaciones para cuidado familiar que su empresa ofrecía. Compaginar sus necesidades con las de su empleador en una coyuntura tan vulnerable le parecía abrumador. No lograba conciliar sus responsabilidades profesionales de tiempo completo y las obligaciones personales de su *segundo trabajo* como cuidadora de su padre.

La presión llevo a Vickie a buscar en otra parte, y optó por otro trabajo que le permitía flexibilidad permanente en las horas de trabajo y prestaciones adaptadas a las circunstancias de su vida. Era un nuevo comienzo con una organización que daba prioridad a su bienestar y respetaba los pilares del entorno laboral ganar-ganar.

La historia de Vickie hace eco de los sentimientos de incontables personas más que navegan el delicado equilibrio entre la vida laboral y personal. Su experiencia demuestra las insuficiencias de las prestaciones iguales para todos en el panorama profesional cambiante.

Los paquetes de prestaciones iguales para todos los empleados no funcionan por la misma razón que una sola talla de zapatos no le queda a todos. Cada quien tiene un conjunto diferente de necesidades basadas en su situación y preocupaciones presentes. Cuando los empleadores dictan que ciertas sumas se destinarán a ciertos programas o a prestaciones que no se ajustan al empleado, eso puede provocar frustración, decepción y, con el tiempo, llevar a un entorno laboral de suma cero poco efectivo.

Ciertos empleados pueden valorar las prestaciones para guarderías infantiles, mientras que otros pueden tener un interés particular en un seguro médico. Otros dan primacía a las oportunidades educativas o a la autonomía en cómo trabajan. Un futuro laboral equitativo en un entorno laboral ganar-ganar debe reimaginar un sistema de prestaciones laborales que sea lo suficientemente flexible para que los empleados entiendan qué obtienen en relación con lo que ceden. Una desconexión entre las prestaciones ofrecidas y las prestaciones requeridas ocurre no solo entre los empleados de primera línea, sino también entre los altos ejecutivos. La respuesta a este problema está en dar a todos la capacidad de colaborar con la empresa para optimizar sus selecciones individuales de prestaciones. Las compañías que han hecho esto han visto un aumento en la satisfacción de su personal y una reducción general en los costos de las prestaciones. Mi investigación arrojó que las compañías que aprovechan la estrategia de reimaginar las prestaciones laborales en relación con las vacaciones o días libres pagados, licencia por enfermedad y permiso de maternidad y paternidad, mejoraron sus indicadores financieros, como valuación, ingresos, ganancias y activos. De manera notable, el respaldo en cuidado de dependientes destacó al tener el impacto positivo más pronunciado entre las variables de prestaciones.

La historia de Rachel: *navegar entre la maternidad y el liderazgo*

En el ámbito dinámico de las *startups* de tecnología de la educación, Rachel Romer, la visionaria directora ejecutiva a la cabeza de Guild Education, uno de los actores más importantes en el campo, tuvo un problema. En 2018, a punto de dar a luz a gemelas, estaba orquestando una tercera ronda de inversión revolucionaria de 40 millones de dólares.[2] Al intentar conciliar las expectativas de los empleados y los inversionistas —todo bajo la atenta mirada del mundo de los negocios—, Rachel se encontró en un dilema que trascendía las conversaciones de la mesa directiva y llegaba a la esencia de su identidad: ¿cómo navegar en las aguas inexploradas del permiso de maternidad como joven directora ejecutiva primeriza?

La incertidumbre de Rachel no era un dilema meramente personal; reflejaba narrativas más amplias entretejidas en el liderazgo femenino. Recordó cuando una mentora regresó antes de su permiso de maternidad y cómo después tuvo problemas para equilibrar su familia y su carrera. Otra cosa que le preocupaba a Rachel era qué clase de modelo a seguir quería ser para sus compañeras de veintitantos, qué clase de respuesta le daría a la pregunta inminente de si la maternidad y una carrera exitosa eran compatibles en absoluto.

Rachel no podía escapar de las sombras de líderes de alto nivel como Marissa Mayer, la antigua directora ejecutiva de Yahoo! que decidió volver al trabajo poco después de dar a luz.[3] Su decisión, muy pública, vista como un alivio por parte de consejos directivos e inversionistas, generó debates con respecto a las expectativas que se tienen de las ejecutivas.

La admiración por los logros de Mayer estaba teñida de envidia y prejuicio, una mezcla de emociones con la que Rachel tuvo que lidiar. Los privilegios que podía darse Mayer en virtud de su título de directora ejecutiva y nivel socioeconómico —recursos holgados para niñeras y la remodelación de su oficina para un área de maternidad— no eran más que una fantasía para la mayoría de las otras mujeres trabajadoras. Para Rachel, había un miedo implícito de que Mayer hubiera sentado un precedente imposiblemente alto que se volviera el nuevo estándar para las ejecutivas.

Al final, la futura mamá eligió la transparencia (octavo pilar del entorno laboral ganar-ganar). Tras admitir que no tenía ningún plan predefinido para madres y padres trabajadores, Rachel le comunicó a su equipo que elaboraría un nuevo modelo de prestaciones de la empresa que abarcara la elección y la individualidad.[4]

Este compromiso fue muy bien recibido por los empleados, en especial tomando en cuenta el trabajo que hacían para Guild Education, que se encarga de gestionar prestaciones de asistencia educativa para empresas de la lista Fortune 500 al vincular a empleados con educación continua y ofrecer paquetes de prestaciones muy personalizados a los intereses y circunstancias de cada individuo.

Además de lo que hacían para los trabajadores de sus clientes, Guild invirtió en los suyos inaugurando una guardería de un millón de dólares en su sede de Denver en respuesta a las preocupaciones de los empleados por los costos y calidad del cuidado infantil.[5] Este nuevo centro proporcionó un servicio vital a sus entonces 940 empleados. Como resultado de esta decisión, Guild logró una impresionante tasa de aprobación de 96% entre padres durante la pandemia. Ahora, Rachel trabaja con organizaciones sin fines de lucro nacionales y legisladores para crear una guía paso a paso que ayude a otros líderes corporativos a abrir guarderías en sus empresas.

El impacto de la decisión de Rachel reverberó en toda la organización Guild y la transformó en un entorno laboral que honraba las diferentes elecciones y necesidades de su gente. Los resultados fueron tangibles: una mayor satisfacción de los empleados, mayor lealtad y una cultura laboral que fomentaba la creatividad y la colaboración. En resumen, un entorno laboral ganar-ganar.

Los líderes con la visión de Rachel deberían evaluar incluso las prestaciones usuales y altamente valoradas en respuesta a las voces de los empleados para crear un entorno laboral ganar-ganar. Cuando el director ejecutivo de un restaurante casual de comida rápida les ofreció a los trabajadores un plan de retiro, los de primera línea expresaron su preocupación por necesidades inmediatas, como alojamiento y transporte. El director ejecutivo cambió el paquete de prestaciones para darles más poder de decisión a los empleados en la asignación de fondos a las prestaciones que más les importaban, lo cual les dio más control sobre su destino. Guild se volvió un estudio de caso para las empresas que buscan redefinir la intersección de vida profesional y familiar. La historia de Rachel demuestra las complejidades del liderazgo y la identidad, al igual que el delicado equilibrio entre las esferas personal y profesional. Su liderazgo visionario es un modelo a seguir de cómo liberarse de normas establecidas, adoptar la transparencia y crear un entorno laboral que no solo atraiga el mejor talento, sino que defienda el bienestar holístico de su fuerza de trabajo.[6]

Ahora observemos cómo una cadena minorista centró las voces de los empleados para reimaginar la personalización de las prestaciones, en línea con el proceso de cambio ganar-ganar, y cómo creó un entorno laboral ganar-ganar para empleadores y empleados por igual.

Estudio de caso

Tesco y Zeelo resuelven el dilema del transporte

En 2021, Tesco, una cadena minorista líder en el Reino Unido, se enfrentó a un reto importante: atraer talento y retenerlo en sus centros de distribución debido a las limitadas opciones de transporte público. Como parte de una estrategia para centrarse en las voces de los empleados (pilar 1 del entorno laboral ganar-ganar), llevaron a cabo una encuesta y encontraron que:

- 95.2% de los empleados reportó que tener acceso a una prestación de transporte era importante para ellos.
- 90.7% de los empleados dijo que no podían llegar al trabajo sin un servicio de transporte debido al horario de sus turnos y la falta de opciones.

Para atender este problema Tesco recurrió a su iniciativa Red Door, que invita a innovadores a ofrecer ideas para mejorar los servicios al cliente e incluye encontrar mejoras en cómo la compañía sirve a sus empleados. Tesco colaboró con Zeelo, una empresa que ofrece soluciones de transporte como prestación laboral tanto en el Reino Unido como en los Estados Unidos. Poco después, la cadena minorista introdujo un servicio de transporte que ha resultado ser popular entre los empleados, bueno para el medio ambiente *y también* para la rentabilidad.

EL TRANSPORTE COMO PRESTACIÓN

En 2024 entrevisté a Sam Ryan, cofundador de Zeelo, para saber más sobre el impacto de ofrecer transporte como una prestación.[7] Sam me compartió que tras haberse criado en el campo en Oxfordshire, donde todos tenían un vehículo propio, él y su equipo en Zeelo entendían perfectamente la dependencia de este en las ciudades fuera de áreas metropolitanas principales como Londres. «Cuando observamos los datos, vimos que, en lugares como Londres y Nueva York, cerca de 80% de la gente usa el transporte público, la bicicleta o camina para llegar a su trabajo. Pero en ciudades como Mánchester, Birmingham o Boston, 80% de las personas depende de un automóvil», explicó Sam.

Uno de los aprendizajes críticos de Sam a partir de la pandemia de covid-19 fue el incremento de responsabilidad que los empleadores asumieron para ayudar a sus empleados. «Empezaron a darse cuenta de que ayudar a sus trabajadores con el transporte era esencial para mantener las operaciones y ocupar los puestos», dijo Sam. Este cambio en la mentalidad de los empleadores fue evidente en la colaboración de Zeelo con Tesco. Al proporcionar un servicio de transporte como prestación, Tesco pensó que podría eliminar el transporte como una barrera del trabajo y que el beneficio les ayudaría a atraer talento para llenar los puestos disponibles.

Esta colaboración buscaba proporcionar rutas de autobús prácticas y asequibles, eliminando con ello la necesidad de vehículos personales para 81% de los empleados participantes. El servicio de Zeelo cubría una ruta desde la ciudad portuaria de Hull en East Yorkshire, Inglaterra, hasta los centros de distribución de Tesco tres veces al día, para cubrir todos los turnos. Ya que un boleto costaba solo dos libras esterlinas, los empleados ahorraban en promedio de 10 a 20 libras por semana. Así, esta iniciativa abarató los costos de transporte, lo que se tradujo en importantes ahorros financieros para los empleados de Tesco.

EL IMPACTO EN LA SATISFACCIÓN DE LOS EMPLEADOS Y EN EL ÉXITO FINANCIERO

Tesco ha compartido que los resultados de esta colaboración resultaron transformativos para sus empleados. Como parte de su estrategia para escucharlos, descubrieron que la satisfacción del personal tuvo una marcada mejoría, ya que 94% reportaba un mayor bienestar mental en el trabajo. Además, 98% sentía que ahorraba dinero en los traslados, 92% que ahorraba tiempo y 72% expresaba una mayor disposición a quedarse más tiempo en la empresa solo por el beneficio del transporte. Como parte de la iniciativa Red Door, Tesco reportó estos hallazgos a su personal y le dio permiso a Zeelo de compartirlos por escrito con el público general como estudio de caso, usando un informe de capital humano como estrategia competitiva (octavo pilar del entorno laboral ganar-ganar).[8]

Michael Holmes, gerente de un centro de distribución en Tesco, destacó el impacto positivo en el reclutamiento y la retención. Antes de implementar el servicio de Zeelo, Tesco tenía puestos sin cubrir en sus centros de distribución. Al ofrecer el transporte como prestación, logró reclutar a suficientes empleados para cubrir sus necesidades operativas, lo cual, tal como Holmes compartió, «asegura que cubramos nuestra plantilla, y esto significa que podemos cumplir con el volumen para las tiendas».[9] Desde una perspectiva medioambiental, el servicio de Zeelo tuvo otro impacto positivo sustancial. Tan solo en 2023, los vehículos completamente eléctricos del servicio de traslado eliminaron 64 000 trayectos en auto, lo cual redujo las emisiones de CO_2 en más de 411 toneladas. Esto contribuyó a las metas de sostenibilidad de Tesco y demostró los beneficios más amplios del programa.

CÁLCULO DEL RETORNO DE LA INVERSIÓN DE TESCO

Los beneficios financieros de Tesco por ofrecer el transporte como prestación también fueron considerables. Tesco dio seguimiento a indicadores clave antes y después de ofrecer la prestación, y el programa demostró un retorno de la inversión significativo. Las pérdidas de productividad debido a puestos vacantes se estimaron en 55%; los costos de ausentismo en 0.5%; y los costos de reclutamiento, debido a una alta rotación, se encontraban cerca de 27% para una ronda de reclutamiento, lo cual podía duplicarse si se necesitaban dos rondas. El servicio de transporte de Zeelo redujo la rotación en 70%, un ahorro sustancial en costos de reclutamiento.[10]

Además, se estimó que la mejora en productividad entre los empleados que usaban el servicio provocó 3% de ahorros. El costo de un gerente de transporte (0.5% al año), la reducción del CO_2 (0.07% al año) y los pagos de los usuarios del transporte (1.5% al año) fueron ahorros adicionales. El valor total del servicio estimado en 2023 fue de unos 500 millones de dólares. Tesco estima que el valor del servicio aumentará 47% en un año,[11] una vez deducidos los costos del programa.

Este estudio de caso demuestra cómo las compañías visionarias pueden aprovechar la tecnología y las soluciones de transporte para crear un impacto positivo en la vida de sus empleados. Al atender las barreras del transporte, Tesco mejoró el bienestar de los empleados, impulsó el reclutamiento y la retención, y redujo su huella medioambiental. La colaboración con Zeelo sirve como un ejemplo poderoso de cómo las soluciones innovadoras pueden aportar beneficios significativos en los negocios y en el medio ambiente. Hablaremos más de cómo calcular el retorno de la inversión en el capítulo 10.

Lo que indica la investigación

Nuestra investigación examinó datos de 355 empresas de la lista Fortune 500 y observó una gama de diferentes prestaciones con un enfoque específico en las necesidades de brindar cuidado. Encontramos que ofrecer un paquete integral de prestaciones que incluya días libres pagados, licencia parental (que incluya maternidad y paternidad), cuidado infantil subsidiado y cuidado de respaldo para personas dependientes puede llevar a ganancias financieras significativas. Las empresas que proporcionan paquetes robustos de prestaciones tienden a ver un aumento en sus ganancias, ingresos y valuación. Apoyar a los empleados con prestaciones que los ayuden a manejar responsabilidades personales y de cuidado puede aumentar su productividad, lo cual mejora la salud financiera de la empresa.

Las empresas que se destacan por reimaginar las prestaciones laborales muestran un fuerte desempeño financiero, pues 43% vio un aumento en ingresos, 54% en ganancias, 47% en activos y 56% en valuación. Estos datos ponen de manifiesto cómo invertir en las prestaciones laborales no solo mejora el bienestar de los empleados, sino que además lleva a resultados financieros positivos a lo largo de indicadores clave de los negocios.

Proceso de cambio: *seis pasos para reimaginar las prestaciones*

Prepárate

1. **Identifica oportunidades para centrarte en la voz de los empleados:** lleva a cabo encuestas y organiza grupos focales para conseguir retroalimentación con respecto a las prestaciones actuales e identificar áreas por mejorar. Analiza las identidades de los empleados y entiende sus necesidades únicas en diferentes etapas de la vida. Tal como Rachel Romer analizó las diversas necesidades de los empleados de Guild Education (sus preocupaciones por el cuidado infantil), usa las encuestas y a los grupos focales para entender los requerimientos específicos de tu fuerza de trabajo. Por ejemplo, considera las etapas de la vida y las circunstancias únicas como la maternidad y la paternidad, las necesidades de salud mental o la estabilidad financiera.

Actúa

2. **Reimagina las prestaciones:** con base en la retroalimentación de los empleados, haz una lluvia de ideas

de ofertas innovadoras de prestaciones. Considera las de vivienda (p. ej., asistencia para el depósito de una renta o el pago inicial de una propiedad), recursos de salud mental, apoyo para el cuidado de personas mayores y asistencia para el pago de la deuda estudiantil. Considera arreglos laborales flexibles, permisos de maternidad o paternidad extendidos, guarderías subsidiadas o programas de bienestar. Recuerda cómo Romer invirtió en una guardería en las instalaciones para cubrir las necesidades de los padres, lo cual les brindó la tranquilidad de permitirles trabajar en proximidad de sus hijos.

Refina

3. **Trabaja con los empleados para desarrollar nuevos enfoques a las relaciones laborales ganar-ganar:** presenta las opciones propuestas de prestaciones a los empleados y solicita sus comentarios. Esto fomenta un sentimiento de responsabilidad y aumenta la probabilidad de adopción de las propuestas. Por ejemplo, la decisión de Guild Education de abrir una guardería infantil se basó en la retroalimentación de los empleados y en sus preocupaciones por los costos y calidad del cuidado infantil.

4. **Evalúa los resultados y la adopción de nuevos enfoques:** busca retroalimentación de los empleados sobre la efectividad de los cambios. Da seguimiento a la efectividad de las nuevas prestaciones. Monitorea la satisfacción, el compromiso, la productividad y rentabilidad de los trabajadores. Tal como Tesco vio una reducción significativa de 70% en la rotación de

personal, la mejora en productividad resultó en un aumento sustancial a los ahorros generales y un retorno positivo a la inversión, lo cual indica que las nuevas prestaciones de transporte tuvieron un impacto profundo en su fuerza de trabajo y eficiencia operativa. De manera similar, Guild Education vio una sorprendente tasa de aprobación de 96% entre los padres durante la pandemia. Usa los indicadores para evaluar el impacto de las prestaciones ofrecidas.

5. **Ajusta los nuevos enfoques conforme sea necesario:** prepárate para adaptar tu enfoque con base en los resultados de evaluación. Refina y ajusta tus prestaciones de acuerdo con la retroalimentación de los empleados y los resultados de los programas. Este proceso iterativo debería imitar el enfoque de Romer de mejorar continuamente las prestaciones para cubrir las necesidades cambiantes.

Comunícate y aprende

6. **Mantén a tus empleados informados a lo largo del proceso:** comparte los resultados de tu evaluación y alienta la retroalimentación constante. Esto fomenta una cultura de mejora continua en tu programa de prestaciones. La transparencia, tal como se ha demostrado en la comunicación abierta de Romer con respecto a su permiso de maternidad y nuevas iniciativas de prestaciones, ayuda a construir confianza y compromiso entre los trabajadores. De manera similar, el compromiso de Tesco con innovar públicamente para mejorar tanto la experiencia del empleado como los servicios al consumidor mediante su iniciativa Red

Door destaca la importancia de la transparencia y comunicación constantes.

LA IMPORTANCIA DE REIMAGINAR LAS PRESTACIONES

El dilema de Vickie y la decisión audaz de Rachel ilustran con claridad las limitantes de otorgar las mismas prestaciones para todos en la fuerza laboral diversa del presente. Hemos discutido cómo los empleados tienen necesidades variadas que se basan en sus identidades (capítulo 3). Si bien podría parecer más sencillo seguir un enfoque de una misma cosa para todos, la personalización, cuando se aprovecha con intención y responsabilidad, puede ayudar a gerentes y empresas por igual a atender de manera significativa al empleado individual y, en masa, a crear una fuerza laboral transformativa, con un enfoque ganar-ganar.

Entonces, avancemos hacia este futuro con un espíritu de apertura y curiosidad, listos para aprovechar el potencial transformativo de las prestaciones reimaginadas, creadas no solo para individuos sino para el bienestar colectivo de la fuerza laboral. Mientras se levanta el telón en este nuevo capítulo en la historia del trabajo, las posibilidades son ilimitadas y el potencial de cambio positivo es inconmensurable.

Al demostrar una disposición a reimaginar los beneficios del empleo, las empresas pueden crear un futuro del trabajo en el que las prestaciones laborales se entretejan con los hilos únicos de las necesidades y aspiraciones de cada individuo, logrando así que el entorno laboral ganar-

ganar sea la norma. Como empleado, puedes presentarle empresas como Zeelo a tu gerente y a recursos humanos. Recuerda, aprovechar tu posición para colaborar con el liderazgo es una forma de aprovechar tu propia voz dentro de la fuerza de trabajo. Las prestaciones a la medida que la gente sí quiera pueden llevar a una fuerza de trabajo más satisfecha, productiva y saludable y beneficiar a todos en la empresa. En el capítulo 5, exploraremos cómo un subconjunto específico de empleados dentro de una organización —los gerentes de primera línea— puede ayudar a que una empresa se transforme en un entorno laboral ganar-ganar.

CAPÍTULO 5

ACTIVAR A LÍDERES DE PRIMERA LÍNEA

Seguramente conoces el término *mando medio*. Suele pronunciarse volteando los ojos ligeramente o con una risita burlona, pues el chiste local es que los mandos medios son oficinistas sin poder, burócratas, defensores del *statu quo* y, como *Harvard Business Review* catalogó su mala reputación, la definición misma de mediocridad.[1] Tal como lo expresó David Brooks, columnista *de The New York Times*: «Nadie escribe poemas sobre los mandos medios».[2]

Pero es momento de empezar a hacerlo (metafóricamente, por supuesto).

Mejor aún, llamemos a estas personas malentendidas, pero fundamentales en el entorno laboral, como lo que en verdad son: *líderes de primera línea* o *gerentes de primera línea* (usaré estos dos términos de manera indistinta), y démosles una nueva capacitación que los empodere y protocolos de escucha para que puedan liberar todo su potencial para crear un entorno laboral ganar-ganar, tanto para los trabajadores que supervisan en la primera línea de la organización, como para los ejecutivos que miden el éxito en las oficinas principales.

Los líderes de primera línea son *clave* para el proceso cíclico de cambio y construcción de un entorno laboral ganar-ganar. Sin embargo, en los entornos laborales actuales, estos líderes suelen estar mal equipados, preocupados por su propia permanencia y limitados por el *burnout*. Los paradigmas laborales y modelos mentales anticuados, los prejuicios arraigados y las generalizaciones que moldean nuestra comprensión y acciones no ayudan. Para tener éxito en nuestros objetivos del entorno laboral ganar-ganar, los líderes organizacionales deben entender estos retos y desarrollar nuevas políticas para que los gerentes de primera línea puedan sortear los obstáculos.

EXPERIENCIA DE PRIMERA MANO: EL PRINCIPIO DE PETER

Mi propia experiencia como líder de primera línea da forma a mi perspectiva en el entorno laboral ganar-ganar. En uno de mis primeros puestos como gerente, todavía recuerdo a una subordinada directa, Laura, que me decía —por tercera vez en varias semanas— que no podría terminar un proyecto en el plazo que yo esperaba. Mi respuesta, por pura frustración, fue cuestionar su compromiso con la organización y con su propia carrera. Ella entrecerró los ojos y frunció el ceño. Respondió que sí estaba comprometida con el trabajo, pero como madre soltera no podía trabajar horas extra como yo. Era responsable de su hija de ocho años que la necesitaba. Se me cayó la cara de vergüenza al darme cuenta de la verdad: lo que yo veía como una falta de disposición a hacer lo que fuera necesario para terminar el trabajo era, en realidad, una mamá que forcejeaba por equilibrar lo que le exigía su hogar con lo que le exigía su gerente que no aceptaba excusas. Antes de ese momento, no tenía idea de la realidad de Laura. La veía únicamente como una asociada de *marketing*. No veía la persona completa que era y todo el peso que cargaba. Fue como un balde de agua fría. Cuando nuestra conversación de ese día me obligó a detenerme a pensar en ella como una persona completa, obviamente no podía decir —nunca— que los plazos de mis proyectos eran más importantes que la personita que estaba a su cuidado en casa.

Esa fue mi primera lección como gerente de primera línea: el poder de la empatía y la conexión humana, y la necesidad de capacitación en liderazgo. Me sentí decepcionada de mí misma y como un fracaso. Los datos indican que yo no estaba sola. Los líderes de primera línea supervisan directamente hasta 80% de la fuerza laboral en muchas organizaciones, y la investigación que suele citarse sugiere que entre 50 y 60% de estos gerentes fracasa dentro de sus primeros dos años.[3]

Yo tenía 23 años cuando fui gerente por primera vez. Me ascendieron porque era buena en mi trabajo como coordinadora de ventas, no porque fuera una buena líder de la gente. Como coordinadora de ventas, era una contribuyente individual. Mis gerentes me asignaban una tarea y yo la terminaba bien y a tiempo, y sabía resolver problemas al anticipar retos y obstáculos y alertar a los gerentes. Esas cosas eran fáciles para mí. Además, era ambiciosa. Más adelante, describiría mi estilo como perfeccionista. Sabía que podía tener un buen desempeño individual y completar cualquier tarea que fuera necesaria. Pero ¿ser gerente? Había salido de la universidad hacía poco y lo único que sabía de los gerentes es lo que había visto en películas y experimentado en los trabajos de tiempo parcial y de nivel inicial que había tenido para poder pagarme la escuela. Mis jefes se parecían al personaje de *El factor sorpresa*. Esa película de 1994 es una sátira de la exigente industria del entretenimiento que explora qué tan lejos puede presionar un jefe a un subordinado joven y ambicioso y retrata el impacto negativo que un ambiente laboral tan tóxico puede tener en un individuo. Con esto quiero expresar que yo tenía expectativas muy bajas de mis gerentes y no sabía cómo debía ser un buen gerente. Detrás de mi propia ambición y personalidad perfeccionista se escondía el miedo común y corriente de no querer decepcionar a mis gerentes y arriesgarme a que me despidieran. Así que nunca protesté por nada de lo que me encargaban. Yo *actuaba* de manera positiva incluso cuando mi mundo se estuviera desmoronando.

Tenía una deuda estudiantil de miles de dólares y carecía de una red de seguridad parental de apoyo. Solo bajaba la cabeza, hacía mi trabajo y sufría en silencio. Había crecido, en términos profesionales, creyendo que te presentas a trabajar y tu jefe está ahí para hacer su trabajo, no para ser tu mentor ni interesarse por ti. Su contribución era haberme dado el empleo. Mi responsabilidad era desempeñarme de tal modo que los complaciera y contribuyera al éxito de la empresa, sin importar cómo me trataran.

Volvamos a cómo me desempeñaba como gerente: había codificado mi experiencia como contribuyente individual en lo que yo esperaba de la gente que me reportaba. Había sido una empleada de alto rendimiento que nunca daba excusas, una contribuyente constante. Esperaba lo mismo de mis subordinados. Al final, si ellos tenían un desempeño deficiente, eso tendría un impacto negativo en mí. Yo era la mala gerente prototípica. Pero ¿cómo habría podido ser buena sin ninguna capacitación o mentoría en el puesto? Lo que describo es lo que Laurence J. Peter acuñó en 1969 como el *principio de Peter*, que sugiere que, si las organizaciones constantemente priorizan a sus empleados de alto rendimiento, podrían terminar por elevar a los individuos más allá de su capacidad óptima, lo cual a fin de cuentas disminuye su efectividad en esos puestos y —peor aún— reduce el éxito de la empresa en su conjunto.

LA PROPUESTA DE VALOR GANAR-GANAR

Suelo decirles a mis clientes: «Gestionar gente es un trabajo por el que no se te compensa apropiadamente». ¿Te suena familiar? Si alguna vez has sido gerente, seguro te has sentido así o lo has pensado alguna vez. Los gerentes de primera línea suelen combinar funciones de líder, subordinado y contribuyente individual. Un sorprendente 82% de los nuevos gerentes en el Reino Unido son lo que el Chartered Management Institute llama *gerentes accidentales* que fueron ascendidos porque habían sido muy buenos contribuyentes individuales, no porque mostraran señales de convertirse en grandes gerentes.[4]

Esta es la razón por la cual es imperativo que tanto las organizaciones como los gerentes se comprometan con el valor de un entorno laboral ganar-ganar. Los líderes de primera línea son cruciales para la satisfacción de los empleados y la retención de talento. La realidad es que un liderazgo deficiente de un jefe directo es una de las principales razones por las que la gente deja su trabajo. Pero cuando los gerentes adoptan un enfoque de entorno laboral ganar-ganar, pueden transformarse en líderes de primera línea e impulsar de manera significativa la retención de los empleados al fomentar un ambiente en el que todos se sientan valorados y comprometidos, lo que deriva en una mayor probabilidad de que se queden y se superen.[5]

Los líderes genuinamente comprometidos tanto con los objetivos de la empresa como con el bienestar de sus equipos construyen confianza y lealtad. Esta clase de compromiso ayuda a que los empleados se sientan más conectados con la misión de la organización, lo cual reduce su deseo de irse. Estos líderes de primera línea que alinean su preocupación por el bienestar del equipo con los objetivos de la empresa logran que el enfoque del entorno laboral ganar-ganar deje de ser una mera estrategia para transformarlo en una realidad vivida, lo cual impulsa el desempeño y el éxito general.[6]

El rol del líder de primera línea va más allá de un nuevo nombramiento o un aumento de sueldo; es un cambio de mentalidad. Implica más bien ser portadores de la cultura del entorno laboral ganar-ganar, una responsabilidad seria para defender los valores organizacionales, adaptarse a una mentalidad de compromiso e impulsar la inclusión.

Lisen Stromberg, fundadora de Prism Work, una organización que lleva a cabo investigación y evaluaciones de cultura empresarial, quería entender las vivencias de los líderes de primera línea en el entorno laboral —y en especial su papel en iniciativas de diversidad, equidad e inclusión (DEI)— cuando encuestó a 2246 hombres profesionales estadounidenses para el reporte RESET de Prism Work en

2023.[7] ¿Por qué solo encuestó a hombres? «Porque son una parte esencial del rompecabezas de la diversidad, equidad e inclusión», escribieron en su reporte Stromberg y su equipo. «Los hombres tienen mucho que ganar al construir y apoyar lazos laborales fuertes en sus organizaciones, y el mundo tiene mucho que ganar con su compromiso con la DEI».[8] Y, aceptemos la realidad, los hombres tienen 60% de los puestos gerenciales en las empresas estadounidenses, y a nivel global esta cifra salta a 67.8%.[9] La encuesta arrojó que los hombres que se identificaban como gerentes tenían dificultades. «Estaban ansiosos por que sus empresas los orientaran, en especial la dirección ejecutiva y el equipo de Recursos Humanos, y se sentían impedidos porque no recibían la capacitación que necesitaban para salir del pensamiento de suma cero», me dijo Stromberg en una comida.[10]

Además de la capacitación gerencial básica, los líderes de primera línea necesitan entender el proceso de cambio ganar-ganar y los recursos de apoyo e incentivos requeridos para ponerlo en marcha. Invertir en los líderes de primera línea —mediante entrenamiento gerencial, recursos e incentivos— beneficia a toda la fuerza laboral *y también* la rentabilidad de la empresa. Exploremos cada categoría a detalle.

CAPACITACIÓN GERENCIAL

- **Cómo gana el líder de primera línea:** los programas de capacitación equipan a los líderes de primera línea con las habilidades para defender valores, fomentar la responsabilidad y crear un ambiente inclusivo. Esto lleva a una fuerza laboral más comprometida y productiva.

- **Cómo ganan los empleados:** estos disfrutan de un mejor liderazgo y se sienten apoyados en su desarrollo profesional.

RECURSOS DE APOYO

- **Cómo gana el líder de primera línea:** estos obtienen recursos, entre los que se incluyen herramientas de comunicación, plantillas y acceso al apoyo de Recursos Humanos, lo cual les facilita implementar los cambios ganar-ganar. También pueden tener acceso a otros grandes servicios, como Empower Work, que proporciona una línea telefónica las 24 horas para empleados y gerentes por igual para consultas sobre cualquier problema relacionado con el trabajo.[11] Ni siquiera el mejor de los gerentes tendrá todas las respuestas, y un servicio como Empower Work les permite ser un recurso para sus subordinados directos.
- **Cómo ganan los empleados:** tienen acceso a las herramientas y apoyo que necesitan para tener éxito y prosperar en la cultura de la empresa.

INCENTIVOS

- **Ganancias para los líderes de primera línea:** los que se destacan en adoptar el proceso de cambio y la construcción de un entorno laboral ganar-ganar, consiguen recompensas y reconocimiento, lo cual refuerza el comportamiento deseado. Algunos ejemplos podrían ser bonos, mayores responsabilidades o reconocimiento público.

- **Ganancias para los empleados:** ellos pueden ver que la empresa valora estos comportamientos, lo cual puede mejorar los ánimos y el compromiso. Adicionalmente, algunos programas de incentivos pueden beneficiarlos directamente, con recompensas para los equipos que logren las metas de inclusión, por ejemplo.
- **Un entorno ganar-ganar motiva a todos** a contribuir con un entorno laboral positivo y exitoso.

DEFENDER LOS VALORES ORGANIZACIONALES

Mi experiencia al trabajar *en* y *con* líderes de primera línea pone de manifiesto la necesidad de un apoyo dirigido a este grupo de liderazgo crucial. Esta clase de gerente es un puente entre los altos mandos y la primera línea (tanto los trabajadores como los clientes en ella), con lo cual cumplen una función vital en el compromiso, desempeño y éxito organizacional general de los empleados. Los gerentes de primera línea efectivos deben promover y personificar activamente los principios centrales de su organización. No basta con que conozcan los valores, tienen que vivirlos mediante las acciones siguientes:

- **Predican con el ejemplo:** demuestran constantemente los valores de la empresa en sus acciones y decisiones.

- **Educan e inspiran a otros:** ayudan a colegas a entender los valores y cómo aplicarlos al trabajo diario.
- **Señalan responsabilidades:** recuerdan amablemente a la gente cuando sus comportamientos se alejan de los valores, fomentando una cultura positiva y alineada.

MENTALIDAD DE COMPROMISO

Un empleado o gerente con una mentalidad de compromiso toma la iniciativa y asume la responsabilidad de su trabajo y sus resultados. Va más allá de simplemente terminar tareas y busca la excelencia. Una persona con mentalidad de compromiso tiene las siguientes cualidades:

- **Es proactiva para resolver problemas:** identifica y atiende los problemas antes de que se vuelvan graves.
- **Toma la iniciativa:** no espera a que le digan qué hacer; ve las oportunidades y actúa.
- **Rinde cuentas:** se hace responsable de sus errores y aprende de ellos.
- **Se enfoca en resultados:** se concentra en conseguir metas y entregar un trabajo de alta calidad.

PROMOTOR DE INCLUSIÓN

Un *promotor de inclusión* es alguien que crea activamente un ambiente que acoge y apoya a todos. Va más allá de la tolerancia y el trabajo para asegurarse de que todas las voces sean escuchadas y valoradas. Un promotor de la inclusión tiene los siguientes atributos:

- **Celebra la diversidad:** reconoce y aprecia las habilidades y perspectivas únicas que cada quien aporta.
- **Promueve el respeto:** fomenta una cultura en la que todos se sientan cómodos compartiendo sus ideas y opiniones.
- **Cuestiona los sesgos:** identifica y atiende los sesgos inconscientes que puedan obstaculizar la inclusión.
- **Tiende puentes:** conecta a personas de diferentes contextos de origen y las ayuda a entenderse mutuamente.

LÍDERES GLOBALES DE PERSONAS

Para ver exactamente cómo se puede activar con eficacia a los gerentes, echemos un vistazo a los programas y políticas de tres instituciones reconocidas de las finanzas y las cadenas minoristas que en conjunto tienen miles de millones de dólares en activos, cientos de miles de empleados y decenas de miles de gerentes de primera línea. Los altos líderes de recursos humanos de estas empresas hablaron conmigo a profundidad sobre su capacitación gerencial con la condición de que presentara nuestras discusiones como una composición que cuidara su anonimato.[12]

En aras de la claridad y brevedad, daré a mis entrevistados un solo nombre compuesto: Líderes Globales de Personas (LGP). La alta gerencia de estas organizaciones reconoce cuán crítica es la efectividad gerencial para mejorar la experiencia de los empleados y la satisfacción de los clientes, según me dijeron los LGP en entrevistas. Y están tomando medidas.

En el panorama competitivo de hoy en día, los empleados con un alto compromiso —que se mide por su fuerte conexión mental y emocional con la organización para la que trabajan, con su equipo y trabajo— son la columna vertebral de un ambiente laboral positivo, que se traduce directamente en un mejor servicio al cliente.[13]

Los empleados comprometidos hacen más que solo presentarse por su paga. Toman la iniciativa, dan un extra por los clientes y tienen pasión por lo que hacen porque creen en la misión de la empresa. Es más probable que los empleados comprometidos:

- sean amigables y serviciales con los clientes;
- resuelvan problemas de manera proactiva; y
- den un extra para superar las expectativas de los clientes.

Tener una fuerza de trabajo feliz y comprometida es un ganar-ganar tanto para la empresa como para el cliente.

Empoderar a los líderes de primera línea y transformar la experiencia del cliente

Hace poco Gallup encontró que los gerentes son responsables de alrededor de 70% de las diferencias en compromiso de los empleados con diferentes partes de una empresa.[14] Esto quiere decir que el que los empleados se sientan motivados, comprometidos y satisfechos con su empleador depende en gran medida de sus gerentes. A su vez, esto quiere decir que los gerentes tienen un papel muy importante en influir en el desempeño.

Los LGP con los que hablé en los sectores de tecnología, salud y ventas apoyan colectivamente a decenas de miles de gerentes de primera línea en los Estados Unidos. Uno de los LGP resumió de manera sucinta el problema en cuanto a los gerentes: «Sabemos que tenemos un problema de gerentes de primera línea. Lo hemos escuchado de los empleados que responden a ellos. Lo que tratamos de hacer es poner en práctica las ideas entre miles de gerentes. No es una tarea pequeña».

Los gerentes y supervisores individuales son cruciales para gestionar a la gente, supervisar equipos, implementar políticas, fomentar el compromiso y asegurar el cumplimiento de normativas, lo cual moldea significativamente la efectividad general de la gestión. Una gerencia de primera línea irregular impacta de forma directa las ganancias al provocar ineficiencias operativas, una menor productividad, una mayor rotación y una reducción de la rentabilidad. Una gerencia de primera línea congruente es esencial para la excelencia operativa, buenos ánimos entre los empleados y la consecución de objetivos financieros. Dicho de modo simple, el límite de la efectividad de una institución es su gerente menos efectivo.

Los LGP con los que hablé compartieron que las estrategias innovadoras como los indicadores de efectividad gerencial son cruciales porque permiten la toma de decisiones motivadas por datos, mejoran el desempeño y la experiencia de los empleados, informan programas de desarrollo específicos, aumentan la retención y el compromiso, alinean a los gerentes con los objetivos organizacionales y apoyan la mejora continua. Al centrarse en las voces de los empleados, estos LGP aprovechaban el pilar 1 del entorno laboral ganar-ganar. Escuchaban el sentir de sus empleados y luego usaban análisis de datos para identificar áreas específicas por mejorar y adaptar los programas de desarrollo gerencial. Para esta estrategia es crucial el uso de las siguientes herramientas gerenciales:

- **Encuestas de percepción constantes:** los LGP llevan a cabo encuestas de percepción dirigidas a líneas específicas del negocio y segmentos de los empleados. Estas comprenden un conjunto estándar de preguntas con respecto al compromiso de los empleados y sus interacciones con los gerentes, y tienen puntuaciones en respuesta a afirmaciones como: «Recomendaría a mi gerente a otro colega».
- **Revisiones de desempeño con evaluación de capacidades gerenciales:** las revisiones de desempeño gerencial comprenden una evaluación de sus capacidades y proporcionan datos valiosos sobre las fortalezas y debilidades del liderazgo.

Después de recopilar datos de estas diversas fuentes, las empresas usaron asistencia de IA generativa para el análisis de cientos de miles de datos individuales. Fue mediante este análisis como los LGP y sus empresas lograron una comprensión integral del sentir de sus empleados hacia sus gerentes a lo largo de los Estados Unidos y a nivel global.

De manera similar, los datos recopilados mediante las estrategias para centrarse en la voz de los empleados discutidas en el capítulo 1 pueden identificar tendencias y patrones en la efectividad gerencial. Con base en este análisis, las empresas que estudié de entre las 355 crearon programas de desarrollo para diferentes segmentos:

- **Gerentes de alto desempeño:** se implementan programas de reconocimiento y oportunidades de compartir su conocimiento, para aprovechar sus fortalezas y fomentar una cultura de mentoría.
- **Gerentes de desempeño medio**: se implementan programas de *coaching* y mentoría para atender áreas específicas por mejorar.
- **Gerentes de bajo desempeño:** se proporcionan planes de desarrollo personalizados con planes de desarrollo profesional automatizados y la facilitación de discusiones con socios de recursos humanos para apoyar una mejora significativa.

Este enfoque orientado por datos ha dado resultados positivos. Según los LGP, sus empresas han visto una mejoría comprobable en efectividad gerencial, lo cual ha llevado a una fuerza laboral más comprometida. Adicionalmente, las empresas han observado una correlación directa entre la efectividad gerencial y la satisfacción de los clientes. Hicieron énfasis en esta relación, pues uno de ellos afirmó: «Tenemos evidencia que muestra una correlación entre una buena gerencia de primera línea y una disminución de las quejas de parte de los clientes. También hemos visto que el gerente de primera línea tiene un impacto en ventas más altas». Esto se traduce en un impacto financiero significativo, pues los LGP estiman un potencial retorno de la inversión en el orden de varios millones de dólares.[15]

El éxito de la escucha de los empleados con base en datos la vuelve una parte clave de cualquier estrategia gerencial de primera línea de una empresa. Al concentrarse en el desarrollo gerencial, los líderes exitosos de primera línea a los que seguimos fomentaron ambientes laborales positivos, lo cual está directamente relacionado con el éxito en los negocios.

Lecciones clave

- Publica un perfil bien definido de *gerente efectivo* para identificar con precisión las necesidades de desarrollo.
- Desarrolla un programa de capacitación integral para todos los líderes recién ascendidos y contratados, y asegúrate de que entiendan plenamente las expectativas de su puesto y los indicadores clave de éxito.
- Consigue y analiza de manera continua la retroalimentación sobre diversos aspectos de la experiencia de los empleados para informar decisiones estratégicas de recursos humanos.
- Ajusta los programas de desarrollo de gerentes con base en las perspectivas de los empleados para mejorar tanto se experiencia como el desempeño de la empresa.
- Aprovecha la nueva tecnología como la IA generativa y el aprendizaje automático para asistir en el análisis y entender el impacto en las operaciones comerciales.
- Comparte las mejores prácticas y aprendizajes tanto interna como externamente (tal como detallaremos

en el capítulo 8) para fomentar una cultura de desarrollo de talento motivado por datos dentro de la industria.

ENFOQUE EMERGENTE EN LA CAPACITACIÓN DE LÍDERES DE PRIMERA LÍNEA

Ya sea mediante la facilitación de la gestión de cambios o la consecución de metas de negocios, los gerentes están en la primera línea del compromiso, desempeño y retención de los empleados. Para mantenerse ágiles y listos en un ambiente que cambia constantemente, los gerentes necesitan apoyo de capacitación y las herramientas correctas a medida que su trabajo evoluciona. Estos líderes de primera línea están 46% menos satisfechos con su trabajo que los ejecutivos de nivel superior (aquellos que supervisan al menos a 15 personas).[16] También han tenido más del doble de dificultades que los ejecutivos en cuanto a mantener un sentido de pertenencia, de acuerdo con una encuesta de Future Forum, un consorcio asociado con Slack junto con Boston Consulting Group, MillerKnoll y Management Leadership for Tomorrow.[17] El grupo encuestó a 9 032 trabajadores del conocimiento que se identificaron como «empleados de oficina especializados» a lo largo de los Estados Unidos y otros países, durante tres años, para entender cómo han evolucionado sus percepciones y retos en el trabajo.[18]

A medida que las organizaciones avanzan a horarios laborales más flexibles y comunicación digital, los gerentes de primera línea evolucionan, de burócratas que pasan lista a facilitadores de un ambiente laboral en el que la gente se sienta inspirada a hacer su mejor trabajo. Este cambio requiere adoptar herramientas digitales para dar seguimiento y alinear a los equipos al mismo tiempo que se promueva una cultura de *apertura por defecto* que mejore la colaboración y la toma de decisiones a lo largo de equipos distribuidos.[19]

¿Recuerdas a Genevieve Richards, la gerente presentada en el capítulo 3? Su trabajo era asegurar el cumplimiento de las políticas de la empresa entre sus subordinados directos. Por fortuna, mostró mucho interés en sus empleados, aprendió de sus fortalezas, debilidades, hábitos y vivencias. Por desgracia, la empresa restringía su capacidad para ser la gerente empática y flexible que quería ser. Ya que ella creía que entender a su equipo era crucial para una buena gerencia, adoptó como prioridad atender los asuntos directamente con su equipo antes de tomar medidas administrativas. Su cercanía con sus trabajadores le dio información valiosa sobre el estilo de trabajo de cada uno. Por desgracia, la empresa no logró reconocer y apoyar este enfoque.

LO QUE OTRAS EMPRESAS HACEN POR SUS LÍDERES DE PRIMERA LÍNEA

En noviembre de 2022, participé en una conversación organizada por The 19th, una organización de noticias sin fines de lucro con sede en Austin, Texas, para ahondar en los retos que enfrentaban los gerentes en el ambiente laboral de la «nueva normalidad». A la discusión se unieron ejecutivos de Slack, H-E-B y Dell que compartieron lo que sucedía en sus líneas frontales y cómo sus empresas apoyaban específicamente a los líderes de primera línea.[20] Las lecciones clave son ilustrativas en un sentido más amplio:

- **Combatir el estrés y el *burnout*:** Christina Janzer, la vicepresidenta ejecutiva de investigación y análisis de Slack, explicó cómo su departamento permanece atento al sentir de los gerentes al realizar una encuesta trimestral a más de 10 000 trabajadores de oficina alrededor del mudo. Sus hallazgos más recientes (octubre de 2022) muestran que los líderes de primera línea experimentan un 40% más de estrés y ansiedad relacionados con el trabajo —y un pico de 43% en *burnout*— que el año anterior. Esto puede provocar una regresión a estilos de gestión anticuados, señaló Janzer. Hay un hallazgo que le sorprendió: las políticas de trabajo flexibles —«tanto de dónde trabajar como cuándo trabajar»— aumentaron la productividad y se citaron como el factor número uno para mejorar la cultura de la empresa.
- **Escucha y apoyo activos:** las organizaciones tienen que priorizar el escuchar las necesidades de sus gerentes y ofrecer soluciones. Vanice Hayes, director de cultura, diversidad e inclusión de Dell Technologies, dijo que, además de buscar la retroalimentación de los empleados anualmente (Dell cuenta con 130 000 «miembros de su equipo» en todo el mundo), la empresa realiza «chequeos regulares y frecuentes». Las preguntas en dichas sesiones van mucho más allá de cómo los empleados completan tareas, por ejemplo: «¿Cómo se sienten como personas? ¿Cómo puedo ayudar? ¿Se sienten abrumados? ¿Qué quieren hacer

después?», dijo Hayes. «Les pedimos a nuestros líderes que conozcan a todos, que de verdad conozcan a su talento y entiendan las aspiraciones y habilidades de la gente [...]. Quieren que se les valore. Quieren que se les reconozca. Entonces, lo que sea que podamos hacer como líderes para facilitárselos, en eso seguiremos concentrándonos».

- **Desarrollo motivado por datos:** los datos son la clave para entender las habilidades y experiencias en evolución de los gerentes de primera línea. Esto les permite a las empresas ajustar las oportunidades de desarrollo y evitar que empleados valiosos dejen la empresa.
- **Soluciones centradas en los empleados:** horarios flexibles y tiempo de concentración dedicado pueden mejorar de manera significativa la productividad y la creatividad para gerentes sobrecargados que tienen que cumplir con muchas funciones. Slack, por ejemplo, atiende la flexibilidad de los horarios a nivel de cada equipo, donde «idean acuerdos para cómo y cuándo colaborar», dice Janzer. «Tenemos cosas como horas de colaboración, que para algunos equipos, por ejemplo, van de 10 a. m. a 1 p. m. Son las horas en las que se espera que trabajes, pero todo lo demás es flexible». Slack también ha experimentado con el tiempo de concentración, y ha eliminado cuantas reuniones sea posible. Cada trimestre, se realizan dos «semanas de creación». Se trata de períodos de tiempo sin reuniones en los que las personas pueden concentrarse y tener más tiempo de creatividad. «Los datos que recolectamos después indican que a la gente le

encantan esas semanas porque pueden avanzar mucho en su trabajo», dijo Janzer.

Estos son solamente algunos ejemplos, y las estrategias específicas variarán según la empresa. Sin embargo, el aprendizaje clave es que es mucho más probable que las empresas que priorizan apoyar a sus gerentes de primera línea con iniciativas dedicadas a ellos retengan talento valioso y fomenten un ambiente laboral próspero.

CONVERTIRSE EN UN LÍDER GANAR-GANAR

Entonces, ¿cuál es la mentalidad y qué características identifican a un líder ganar-ganar? En *Los 7 hábitos de la gente altamente efectiva. Lecciones poderosas para el cambio personal* de Stephen R. Covey, el autor habla de la «mentalidad ganar-ganar» —una que busca el beneficio mutuo—.[21] Al adoptar la mentalidad ganar-ganar, argumenta Covey, puedes construir relaciones más fuertes, lograr mejores resultados y crear un ambiente más positivo y colaborativo.

Todo el mundo tiene el potencial de cultivar una mentalidad ganar-ganar, pero no todo el mundo se volverá un líder de este tipo. ¿Por qué? Hay a quienes quizá simplemente no les interese asumir esa función. Hay quienes —de hecho, muchas personas— disfrutan de ser contribuyentes individuales y siguen siendo valiosos para la organización siempre y cuando personifiquen esta mentalidad. Ser un líder ganar-ganar es mucho más que recibir un ascenso por sobresalir como contribuyente individual. Los gerentes que reciben el puesto lo son solo de nombre. En el entorno laboral ganar-

ganar, los contribuyentes individuales que demuestran tener este modo de pensar se convierten intencionalmente en gerentes ganar-ganar. El siguiente paso es que se comprometan con volverse líderes ganar-ganar, lo cual implica:

1. Priorizar el crecimiento y bienestar de su equipo.
2. Crear un espacio seguro para la comunicación abierta y la retroalimentación sincera.
3. Aprender junto con su equipo y buscar activamente oportunidades para mejorar.
4. Empoderar a otros fungiendo como mentores y compartiendo conocimiento.
5. Fomentar una cultura de confianza, colaboración y seguridad psicológica.

Al momento de decidir si ascender a alguien a un puesto gerencial con base en su desempeño, asegúrate de que también haya demostrado tener estas características. Recuerda, es solo el prerrequisito; a ello deben seguir una orientación y capacitación constantes.

Formar a líderes efectivos requiere aprendizaje y desarrollo continuos. Al reconocer esta necesidad, mis colegas de Future Forward Strategies, la empresa de análisis y estrategias del mercado laboral que fundé, presentaron la Capacitación de Líderes ganar-ganar. Este programa integral, basado en el proceso de cambio ganar-ganar, está diseñado para cultivar a líderes que no solo se destaquen en sus funciones sino que también prioricen el bienestar y crecimiento de los miembros de su equipo.[22] Al ofrecer un enfoque estructurado que opera a lo largo de todo el año, nos aseguramos de que los líderes tengan oportunidades continuas para mejorar sus habilidades, profundizar su conocimiento y adaptarse a dinámicas laborales en constante evolución. El siguiente plan de seis pasos sirve como hoja de ruta para líderes de negocios y francamente cualquiera que esté incluido en el proceso de contratación para nutrir una cultura de mejora continua y relaciones ganar-ganar dentro de su organización.

Lo que indica la investigación

Esta estrategia empodera a líderes de primera línea para defender iniciativas que promuevan la interseccionalidad y la DEI en el entorno laboral. Mientras que las compañías que contratan a un porcentaje más alto de trabajadores de primer nivel pueden experimentar una mayor rotación de personal inicial debido a niveles más bajos de experiencia, apoyar y capacitar de manera efectiva a los recién contratados puede fomentar la lealtad y reducir la deserción a la larga. Al analizar las 355 empresas de nuestro estudio, observamos un efecto neutral en los ingresos y el precio de las acciones. El número limitado de empresas que implementan estas acciones sugiere que se necesita una muestra más grande para conseguir información más profunda, lo cual presenta una oportunidad para investigación futura a medida que estas prácticas se adopten de modo más general.

Según los resultados de una investigación en desarrollo de liderazgo en 2022 publicada en la revista *Training*, nueve de cada diez organizaciones de alto desempeño que adaptan sus programas de capacitación a las preferencias de líderes recién ascendidos tienen más éxito en desarrollar sus habilidades de liderazgo.[23] Existe una brecha significativa entre las organizaciones de alto y las de bajo desempeño: es un 48% más probable que las primeras inviertan en nuevos líderes mediante el *coaching* y mayor responsabilidad.[24]

Proceso de cambio: *seis pasos para apoyar a los líderes de primera línea*

Prepárate

1. **Identifica oportunidades para centrarte en las voces de los empleados en la selección y el desarrollo profesional de líderes de primera línea:** cuando se identifique a un potencial líder de primera línea para ascenso o contratación, pregunta sobre su historial y experiencia de liderazgo. Al verificar sus referencias, además de hablar con sus jefes, pide hablar con uno o dos de sus subordinados directos. (Si no han tenido subordinados directos, pide hablar con un colega con el que hayan colaborado en un proyecto en equipo. Esto te ayudará a entender cómo es su liderazgo hacia sus superiores, hacia sus subordinados y horizontalmente, entre equipos). Realiza un análisis de dónde se ubica el líder de primera línea en relación con los buenos gerentes de tu equipo para empezar a desarrollar un programa de entrenamiento con base en los objetivos y necesidades empresariales de los líderes de primera línea.

Actúa

2. **Define las competencias centrales y establece la incorporación de líderes de primera línea:** la capacitación de incorporación (*onboarding*) debe alinearse con el estudio de caso de los LGP, el cual, a su vez, se alinea con las buenas prácticas de la industria, ya que 48% de las empresas de más alto rendimiento brindan capacitación a nuevos líderes de primera línea.[25] Crea

un marco central de competencias para definir habilidades y conocimientos esenciales para los líderes de primera línea. Diseña un programa de capacitación integral específico para los gerentes. Integra análisis de datos para seguir y medir los resultados relacionados con objetivos de negocios. (Discutiremos esto más a detalle en el capítulo 8). Explora el potencial de la IA y el aprendizaje automático para personalizar la experiencia de aprendizaje de los gerentes y traduce datos cuantitativos y cualitativos en ideas accionables para mejorar los resultados de la capacitación de gerentes. Un equipo de liderazgo bien capacitado fomenta un ambiente laboral más positivo y productivo para todos los empleados, lo cual crea una situación ganar-ganar para la organización.

Refina

3. **Trabaja con los empleados para desarrollar nuevos enfoques para apoyar a los líderes de primera línea:** una profesional de los recursos humanos me compartió que sus gerentes no se sentían seguros de cómo atender preocupaciones de los empleados como la ansiedad por el regreso al trabajo. También mencionó que resultaba difícil notar señales de angustia en la fuerza laboral remota. Lo que quería expresar era que les exigimos más que nunca a nuestros gerentes de primera línea, y ellos necesitan capacitación. Con base en la retroalimentación recibida de sus gerentes, esa empresa implementó una capacitación básica de salud mental para los gerentes, la cual tuvo una recepción realmente buena. Me compartió que estaban

muy sorprendidos por la enorme hambre que había de esta clase de capacitación. Después de esta, la empresa incluyó a los gerentes en recorridos de escucha, y los gerentes se sentían más equipados con el lenguaje y vocabulario necesarios para hablar de salud mental.[26]

4. **Evalúa resultados y la adopción de nuevos enfoques:** para evaluar el impacto de un programa de líderes de primera línea en los empleados, necesitamos un enfoque dual. Primero, damos seguimiento a la adopción: ¿los líderes de primera línea usan activamente las nuevas habilidades? Los datos y la retroalimentación pueden guiarnos, pero observar su comportamiento —defender valores, fomentar la responsabilidad— revela una auténtica integración. Segundo, medimos resultados. ¿Los indicadores de compromiso de los empleados y de desempeño del equipo están mejorando? Da un recorrido de escucha. Pregúntales a los gerentes y a sus subordinados directos cómo se puede mejorar la capacitación. Y luego actúa conforme a sus sugerencias.

5. **Ajusta los nuevos enfoques según sea necesario:** los entornos laborales ganar-ganar requieren un aprendizaje constante. Equipa a los líderes de primera línea con las habilidades más recientes mediante módulos de microaprendizaje informados por la retroalimentación de subordinados directos, empleados, compañeros y gerentes. Esto logra que el aprendizaje se mantenga relevante y atiende necesidades actuales. Es un ganar-ganar: los líderes de primera línea

aprenden las habilidades gerenciales más recientes de manera conveniente y perfeccionan sus conocimientos, mientras que la organización se beneficia de tener una fuerza laboral capacitada y comprometida, lo cual lleva a un mejor desempeño. Invierte en el aprendizaje continuo y en construir un entorno laboral próspero.

Comunícate y aprende

6. **Comunica avances y aprendizajes tras implementar los nuevos enfoques:** usa oportunidades de comunicación breves y unitarias como videos, artículos y pódcast para dirigirte a los gerentes y compartir los avances. Difunde las buenas prácticas y los aprendizajes con otras organizaciones para fomentar una cultura de desarrollo de talento motivado por datos dentro de la industria. Recuerda los ejemplos de los líderes de Dell, H-E-B y Slack que tuvieron la generosidad de compartir sus buenas prácticas y aprendizajes públicamente, lo cual demuestra su compromiso con los gerentes de primera línea y con su gente.

Las habilidades gerenciales del *statu quo* como la comunicación, la resolución de conflictos, el empoderamiento del equipo y la inteligencia emocional son importantes para cualquier gerente efectivo. La diferenciación clave de un líder de primera línea es una mentalidad ganar-ganar subyacente, que el gerente se concentre en los beneficios mutuos para sí mismo, su equipo y la empresa al utilizar sus habilidades en servicio de la organización, fomentado el éxito colectivo.

La transformación del entorno laboral suele fracasar porque la gerencia de primera línea se pasa por alto y está sobrecargada. En el entorno laboral ganar-ganar ya no se presiona a los gestores, sino que se les desarrolla para que alcancen todo su potencial y se vuelvan motores de crecimiento para la empresa. Ellos se comprometen voluntariamente con volverse líderes ganar-ganar que impulsan la transformación del entorno laboral, y asumen el papel crítico que tienen dentro de él. En un entorno laboral ganar-ganar, la gerencia de primera línea se trata como un puesto preciado y crítico, y las empresas se comprometen con apoyar a los gerentes de primera línea con la capacitación, los recursos y la compensación acordes tanto a sus contribuciones como a su potencial.

En este capítulo, aprendimos a liberar el verdadero potencial de los líderes de primera línea al mismo tiempo que se les brinda apoyo para volverse verdaderos *motores de crecimiento* y transmisores de cultura que personifiquen y promuevan los valores centrales de una organización, influyendo en otros para alinearse con su cultura. ¿Cuál es la mayor barrera para la capacitación? La respuesta quizá te sorprenda. Es nuestra manera fundamental de ver el talento y las aptitudes en conjunto. A continuación, pasaremos al capítulo 6, en el que discutiremos cómo los entornos laborales ganar-ganar reconsideran las credenciales.

CAPÍTULO 6

RECONSIDERAR LAS CREDENCIALES

Un cajero de Taco Bell, un auxiliar de una gasolinería, un entrenador de perros y un físico teórico entran a un bar…

El cuarteto improbable salió a celebrar un proyecto recién terminado —cumplieron con la fecha límite— para una empresa de la lista Fortune 100 que preparaba un dispositivo tecnológico portátil para su lanzamiento. «Ustedes salvaron este producto», les dijo con entusiasmo la jefa del proyecto. «¡Salvaron mi bono!». De hecho, este cuartero de aprendices externos de la empresa de talento en tecnología Catalyte resultó ser tres veces más productivo y más rápido que los equipos internos de la empresa de la lista Fortune 100. La jefa del proyecto agradecida e intrigada les preguntó qué hacía cada uno en su trabajo previo. Al fundador y presidente ejecutivo de Catalyte, Mike Rosenbaum, que habló conmigo extensamente para este libro en febrero de 2023, le gusta mucho compartir lo que sucedió a continuación: «Se turnaron y empezaron a decir: "Yo antes trabajaba en una gasolinería. Yo trabajaba en un Taco Bell. Yo tengo un doctorado en física teórica. Yo entrenaba perros para que ahuyentaran a los gansos de un lago". La jefa del proyecto se quedó en silencio un segundo. Tenía presupuestos muy arraigados sobre cómo debía verse la excelencia, y nuestros equipos no reflejaban lo que ella tenía en mente. Se dio cuenta de que sus presupuestos eran erróneos». Rosenbaum lo recuerda bien. «Fue un momento sumamente gratificante».[1]

Ese momento de lucidez que tuvo la jefa de proyecto es exactamente lo que necesitamos —a gran escala— para construir el entorno laboral ganar-ganar del futuro. Necesitamos que los empleados y sus gerentes de contratación reconsideren las credenciales tradicionales —títulos de las mejores universidades (puntos extra si son de la Ivy League), experiencia en empresas grandes— y que tengan acceso a un mayor y mejor conjunto de candidatos al adoptar la diversidad y la inclusión. Seamos sinceros: las credenciales en un currículum pueden ser deslumbrantes, pero en realidad no nos dicen nada sobre si el individuo está equipado para desempeñar un trabajo. Aun así, vemos a empresas ofrecerles mucho dinero a los egresados de universidades de la Ivy League, Stanford y otras escuelas de renombre, con lo que pasan por alto a millones de pasantes o personas sin un título universitario. La competencia por este conjunto limitado de candidatos con un historial de prestigio aumenta su compensación. La demanda genera escasez. Se paga un extra. Tal como dice Mike, egresado de Oxford con un título de leyes de Harvard, los gerentes de contratación solamente «tratan de leer las hojas de té», lo cual no es una muy buena estrategia de contratación que digamos.

El nombre de una marca no equivale a aptitud, potencial, ética laboral, experiencia, curiosidad o conocimiento.

Un test de aptitudes que alguien realizó a sus 17 años no debería dictar para siempre el curso futuro de su empleo y movilidad económica. En la investigación que lo llevó a fundar Catalyte, Mike encontró que las credenciales tradicionales usadas en la contratación tienen una correlación con el origen socioeconómico de un candidato. Esta manera de proceder provoca que un inmenso número de personas en los Estados Unidos sea menospreciado por un mercado laboral basado en credenciales que perpetúa la proliferación de entornos laborales de suma cero. Reconsiderar las credenciales anticuadas y encontrar indicadores más precisos y modernos para evaluar a potenciales candidatos es esencial para el liderazgo empresarial en el futuro del trabajo.

Para poner en práctica una nueva mentalidad para la adquisición de talento, Mike empezó a contratar STARs: *Skilled Through Alternative Routes* [Cualificados por Medio de Vías Alternativas, se refiere a adultos trabajadores que tienen un título de secundaria, pero no de licenciatura], término acuñado por la organización sin fines de lucro Opportunity@Work.[2] Mike me explicó lo siguiente:

> Si un tercio de los Estados Unidos de alguna manera es menospreciado así, tenemos a cien millones de personas. Entonces, si 2% de esos cien millones de personas —y es probable que sean muchas más— es brillante, hablamos de millones que son excepcionales y que no cuentan con las vías apropiadas para llegar a los puestos en los que pueden prosperar más que nadie. Por ende, si puedes encontrar quién es esa persona y romper esas barreras para darle a dicho individuo un camino para llegar al puesto en el que prosperará, puedes liberar un poder económico realmente inmenso.

En el capítulo 5, aprendimos cómo se puede incentivar a los líderes de primera línea a ver el imperativo de negocios de dirigir un entorno laboral ganar-ganar. En este capítulo, pasaremos a concentrarnos en lo que necesitan hacer los gerentes de contratación. Estudiaremos el concepto de *contratación por habilidades* y exploraremos estudios de caso de empresas que usan IA generativa y soluciones de aprendizaje automático para expandir su plantilla de talentos, encontrar a los candidatos perfectos y ahorrarle dinero a los reclutadores al identificar el talento interno.

STARs: EL CATALIZADOR DE CATALYTE

Mike Rosenbaum después fundaría dos empresas financiadas por capital de riesgo, aprovechando al talento sin títulos. Durante más de una década, la empresa más reciente de Mike, Catalyte, ha usado su plataforma predictiva para identificar a individuos sin títulos con una aptitud para el desarrollo de *software* mediante test de lógica. Después la empresa capacita a los desarrolladores y los postula a empresas de alto nivel como talento a petición.

Ya que Catalyte se concentra en talento pasado por alto, no tiene que competir con las empresas que posicionan al talento egresado de ciencias de la computación. El talento pasado por alto es más accesible para el mercado y más fácil de contratar a salarios competitivos. Además, Catalyte ha encontrado que su fuerza laboral sin títulos es 40% más productiva que sus colegas con títulos universitarios y se queda un 25% más tiempo en una empresa que el promedio en la industria.

Muchos nombres importantes ya se han dado cuenta de los STARs entre nosotros. Organizaciones como Accenture, Chevron, Cognizant, Google, Jobcase, LinkedIn, McKinsey & Company, Walmart y Workday se han unido a la campaña llamada «rompamos el techo de papel» dedicada a contratar STARs.[3] Más allá de un alejamiento de la contratación con base en títulos universitarios, hay un cambio más amplio en la filosofía que subyace tras la creación y retención de capital humano para muchas empresas y organizaciones. Ahora el enfoque está en la *habilidad,* no en la descripción del puesto. Las empresas ahora se enfocan en las habilidades requeridas para llevar a cabo sus proyectos. Rechazan el mito de que un salario bajo significa pocas habilidades.[4]

SUPERAR LAS EXPECTATIVAS AL ELIMINAR LOS SESGOS

Seguramente conoces esa trama infalible de una película en la que un grupo de inadaptados variopintos se reúne y, contra todo pronóstico, gana el gran juego contra la escuela rival, cuyos jugadores parecen todos profesionales. Todo lo que el equipo de inadaptados necesitaba para ganar era la guía correcta, una entrenadora que creyera en ellos y camaradería. Su entrenadora quizá empezó sintiéndose frustrada, pero antes del clímax de la película, se dio cuenta de que tenía un equipo lleno de STARs. Luego hay un montaje que muestra al equipo mejorando día con día. La contratación de equipos también tiene que reconocer cuando está tratando con STARs.

Setenta millones de personas en la fuerza laboral,[5] que equivalen a 50%, son STARs que desarrollaron habilidades valiosas mediante el servicio militar, institutos técnicos, carreras universitarias truncas, programas de capacitación o, con más frecuencia, experiencia laboral directa.[6] Esto es exactamente lo que impulsan las iniciativas de STARs: reconceptualizar cómo se ve un equipo de primera. Esto es importante porque no podrás encontrar diversidad de experiencia y pensamiento en un equipo de egresados de las mismas escuelas, con los mismos orígenes, que buscan los mismos estilos de vida.

Incluso hay películas sobre eso. El tema suele ser la competencia y la disfunción: la persona menos corrompida por el hambre de poder es la última que queda. O bien, sale victoriosa la única persona que proviene de un contexto diferente y que se las ingenia para adelantársele al grupo homogéneo. Estas películas no son puras risas y diversión, y definitivamente no terminan con una escena triunfal en la que la comunidad corre a la cancha para alzar en hombros a los del equipo ganador, un pueblo unido por la gloria. En vez de ello, son historias que se concentran en el logro individual, más que en un equipo de marginados que hacen el bien.

Cuando los empleadores se basan en procesos de contratación tradicionales y basados en credenciales, los marginados nunca llegan a la cancha. El problema con el proceso tradicional de contratación es que concentrarse en las credenciales crea barreras para gente talentosa que ha adquirido habilidades valiosas o experiencia por vías alternativas, como pasantías, capacitación en el puesto o aprendizaje autodirigido. Los gerentes de contratación pueden manifestar un sesgo en favor de candidatos a quienes perciben como similares a ellos mismos, como cuando le dan el puesto a alguien de la misma fraternidad en vez de a otro individuo calificado.

Suponer que un título universitario de cuatro años es suficiente puede resultar en una mala adecuación del candidato al puesto, lo cual resulta en una menor productividad, una mayor rotación de personal y, finalmente, costos más altos para la organización. Si todo lo demás permanece igual, los egresados universitarios en mandos medios presentan tasas más altas de rotación voluntaria, niveles menores de compromiso y salarios materiales más altos con un nivel de desempeño igual o peor que el de sus colegas experimentados que carecen de un título en el mismo puesto.[7] El valor se encuentra en el individuo, no en sus credenciales.

Eliminar sesgos es un proceso introspectivo y activo en la creación de un entorno laboral ganar-ganar. Primero, si te concentras en habilidades y competencias en vez de credenciales para un puesto, abres tu plantilla de talentos a aquellos con las habilidades relevantes pero experiencia no tradicional. Segundo, el usar herramientas objetivas guiadas por datos para evaluar los talentos de los candidatos, tal como evaluaciones de habilidades o test basados en desempeño, proporcionará una imagen más precisa del potencial de cada candidato, lo cual ayuda a que los gerentes de contratación superen sesgos inconscientes al momento de contratar. Tercero, los empleadores pueden capacitar a los gerentes para reconocer y evitar sus sesgos en las prácticas de contratación, empezando por diversificar al equipo de contratación en sí para que en este se incluyan personas con orígenes y perspectivas diversas. Finalmente, al integrar la diversidad en la cultura y valores laborales, las empresas pueden fomentar una cultura de respeto e inclusión. Así se preparan para establecer metas de diversidad, dar seguimiento a los avances hacia dichas metas y apoyar a miembros de grupos subrepresentados con los recursos apropiados.

OPTIMIZAR EL TALENTO: IDENTIFICAR COMPETENCIAS, NO TÍTULOS

Contratar a STARs es un ejemplo magnífico de la optimización de talento con base en habilidades porque subraya que entender las raíces de un trabajador y proporcionar capacitación con base en una evaluación de las capacidades de tal individuo fomenta la aptitud, independientemente de las credenciales o la experiencia previa. Este enfoque basado en habilidades les permite a las empresas cambiar de rumbo con más confianza, puesto que la fuerza laboral ya ha demostrado una capacidad para retener y ejecutar nuevas habilidades según se requiere. Al contratar a STARs, una organización demuestra su habilidad para aprovechar la experiencia previa de un empleado para servir a las necesidades nacientes y temporales de la organización.

La optimización de talento con base en habilidades empieza por identificar competencias y capacidades específicas requeridas para un puesto en particular. Luego los gerentes seleccionan a candidatos o ascienden al personal interno con base en habilidades demostradas y no solo acreditaciones formales. Al dejar atrás las prácticas de talento tradicionales que defienden los títulos y las relaciones sociales por sobre todo lo demás, las empresas ahorran en costos de contratación y nómina al atraer a candidatos no tradicionales que quizá demanden salarios menos competitivos. Tus contratados sin títulos quizá tengan una mayor sensación de lealtad a tu empresa, en especial si tenían un historial de rechazo simplemente basado en no tener el título esperado.

En vez de buscar un título, la optimización de talento basada en habilidades observa *qué habilidades requiere específicamente el puesto para un buen desempeño.* Así, los gerentes evitan malas decisiones de contratación, reducen la rotación de personal y gastos de capacitación al mismo tiempo que mejoran la productividad.

Para determinar las habilidades que requiere un puesto, lleva a cabo un análisis del trabajo, reúne información sobre las funciones, responsabilidades, habilidades y requisitos que exige. Entre las fuentes de este análisis pueden incluirse entrevistas con empleados, encuestas u observación de aquellos que ya tienen un buen desempeño en el puesto. A partir de esas fuentes, crea una descripción del empleo que especifique las expectativas para el puesto.

El entorno laboral ganar-ganar exige que los gerentes de contratación consideren a un banco más amplio de candidatos talentosos y calificados con fuentes no tradicionales de habilidades como parte de la misión de crear una fuerza laboral más diversa e inclusiva. Esta misión comprende desmentir la noción de que se necesita un título de cuatro años para tener habilidades relevantes para un puesto. Significa, como señalamos anteriormente, romper con el mito de que un salario bajo implica pocas habilidades. La contratación con base en las aptitudes y no en los títulos representa un paso hacia un futuro más inclusivo que pueda brindar movilidad económica a aquellos previamente excluidos de las conversaciones de contratación.

ADOPTAR LA OPTIMIZACIÓN DE TALENTO CON BASE EN HABILIDADES

Hoy en día, la tecnología tiene el potencial de alterar rápida y radicalmente un sector económico en cuestión de semanas o meses. Los grandes modelos de lenguaje como ChatGPT están creando revuelo. Ofrecen a los negocios una herramienta para automatizar tareas y mejorar la productividad en áreas como la creación de contenido y el servicio al cliente. Esto podría llevar a cambios en el trabajo y tiene el potencial para impactar puestos analíticos o creativos de altos ingresos más que trabajos manuales. Sin embargo, esta disrupción también crea oportunidades para gestionar las herramientas de IA, asegurar los datos y navegar en la colaboración entre humanos e IA. La clave está en atender las preocupaciones éticas con respecto a los sesgos, la información imprecisa y los posibles desplazamientos de trabajos para asegurar que esta tecnología beneficie el panorama económico más amplio. Esto significa que las habilidades maleables son más necesarias que la capacitación ajustada a puestos o industrias específicas. El Foro Económico Mundial estima que más de mil millones de personas necesitarán volver a capacitarse antes de 2030.[8] Concentrarse en las habilidades les permite a las organizaciones asignar actividades a los individuos con base en sus capacidades únicas. La capacitación general, amorfa y obligatoria —que da por hecho que todos los empleados siguen trayectorias profesionales idénticas con objetivos profesionales idénticos— deben quedar en el pasado. Concentrarse en las habilidades ejercita la flexibilidad y agilidad de una organización. También empodera a los empleados para desarrollar habilidades más fáciles de transferir entre empresas e industrias.

Estudio de caso

Jergens prepara a sus empleados para el futuro

Jergens Inc. siempre ha sido un negocio familiar. Los dueños de la empresa con sede en Cleveland, que se especializa en la manufactura de equipos de sujeción de piezas, siguen siendo miembros de la familia fundadora. Los empleados de Jergens son parte de la familia. Y como en toda buena familia, cada miembro trabaja para mejorar tanto su propia vida como la del resto de los miembros de la familia.[9]

Jack Schron padre fundó Jergens en 1942, en plena Segunda Guerra Mundial. Para contribuir al esfuerzo de guerra del país, su objetivo era capacitar a empleados en la misma medida que conseguir ganancias. La filosofía de la empresa era simple: «Hacer lo correcto para nuestra gente, nuestra comunidad y el medio ambiente». La guerra se ganó y Jergens adquirió una reputación como empresa que enriquecía a su fuerza de trabajo. En esencia, Jergens fue uno de los primeros líderes en crear un entorno laboral ganar-ganar, al dar prioridad al bienestar de los empleados y fomentar el aprendizaje y desarrollo continuos.

Cuando Jack Schron hijo tomó la batuta como presidente y director ejecutivo de Jergens en la década de 1980, prometió mantener los compromisos de su padre en su comunidad, en casa y en el trabajo. En casa, Jack Jr. funge como concejal del condado de Cuyahoga y tiene una larga trayectoria como líder en educación, desarrollo de la fuerza laboral y servicio comunitario. En el trabajo, es conocido como un defensor de la evolución de la manufactura en el noreste de Ohio que cree en una mentalidad atrapatodo —que todos tienen el potencial para capacitarse y tener éxito en la planta de producción, sin importar su origen—. A partir de ese compromiso surgió Tooling U, una iniciativa de educación para la fuerza laboral. Lanzada por Jergens en 2001 para atender una inminente escasez de mano de obra calificada, Tooling U ofrece pasantías, formación de aprendices y programas de capacitación que les enseñan nuevas habilidades a quienes tengan el deseo de aprender.

Después de pasar a manos de la Sociedad de Ingenieros de Manufactura en 2010, Tooling U ahora es la plataforma de capacitación más grande en línea, ya que atiende a más de la mitad de las empresas de la lista Fortune 500. Ha capacitado a más de 800 000 alumnos en cursos que van desde planos básicos hasta soldadura avanzada. Tal como explicó Jack jr., «la educación sube el nivel para cualquiera que quiera mejorar su vida, no solamente aquellos que consiguen títulos, signo aquellos que quieren adquirir una habilidad». Jergens les paga a sus empleados para que asistan a cursos de desarrollo de habilidades y adquieran capacitación. La compañía se esfuerza por ofrecer a cada individuo, sin importar la posición desde la que comience, una oportunidad para ascender.

Como parte de su mentalidad atrapatodo, Jergens recluta activamente a STARs. La empresa trabaja con organizaciones de desarrollo de la fuerza laboral local como el Consorcio de Educación Vocacional del Este de Cuyahoga para capacitar a no empleados como una oportunidad para buscar y reclutar talento. Recibe activamente a individuos con discapacidad en la planta de producción y, a diferencia de muchas empresas, no descarta a candidatos con sentencias penales previas. De acuerdo con Jack Jr., la tasa de reincidencia entre sus empleados es de cero.

En total, estas estrategias basadas en STARs le ahorran a Jergens aproximadamente 100 000 dólares por individuo capacitado. Esa cifra no incluye los beneficios financieros conseguidos después de la capacitación. Aquellos que recibieron capacitación de Jergens están entre los que mejor desempeño presentan en la empresa. El compromiso de Jergens con el crecimiento de los empleados contribuye a la atmósfera familiar de la empresa. Sus empleados regresan la inversión que se realizó en ellos trabajando con más ahínco y quedándose más tiempo. Algunos individuos empiezan a trabajar para Jergens en la preparatoria y con el tiempo llegan a puestos de liderazgo.

EQUIPADOS PARA EL FUTURO: USO DE TECNOLOGÍAS EMERGENTES

Las tecnologías emergentes pueden ser aliadas para crear un futuro equitativo en el trabajo. Más aún, el valor de las habilidades basadas en la tecnología no dejará de aumentar. Es fácil imaginar que en el futuro ciertas aptitudes tecnológicas serán una parte necesaria de cualquier puesto concebible —si no es que ya lo son—. Sentirnos cómodos con las tecnologías emergentes es una necesidad, en especial cuando se trata de mejorar los resultados de los negocios.

Sin embargo, también debe haber cierta incomodidad con las tecnologías emergentes hasta cierto punto. No es cuestión de la incertidumbre del futuro de la tecnología; no es un miedo a que los robots cobren conciencia y se roben a nuestra pareja al eclipsar nuestra exigua habilidad humana para escuchar. En vez de ello, la incomodidad está en que la información que rodea a la tecnología suele ocultarse. ¿Quieres saber qué factores se usan en un algoritmo? La respuesta usualmente será: «Está patentado». ¿Cómo funciona? «Aprendizaje automático». ¿Cuáles son los *inputs* que se le dan a la máquina para que aprenda automáticamente? «Está patentado». Cuando los algoritmos buscan eliminar los sesgos, siempre queda el riesgo de que fueran programados, intencionalmente o no, para mantener los sesgos existentes. Joy Buolamwini, activista y fundador de Algorithmic Justice Leagues, lo expresa a la perfección: «El aprendizaje automático es una representación de un mundo que está sesgado. Entonces, lo que crees que debería ser un proceso neutral, en realidad refleja los sesgos con los que ha sido entrenado».[10] Es crucial que subvirtamos activamente los sesgos arraigados en los algoritmos de IA para asegurarnos de desarrollar y aprovechar esta tecnología de manera responsable.

INTELIGENCIA ARTIFICIAL: NUESTRA AMIGA EN EL FUTURO

Las plataformas de análisis de la fuerza laboral alimentadas por IA ofrecen a las empresas una manera objetiva y eficiente de identificar, desarrollar y retener al talento más calificado. La investigación sugiere que las plataformas de análisis de la fuerza laboral que usan aprendizaje automático para identificar y desarrollar al talento pueden tener un impacto significativo en las organizaciones. A continuación, algunos hallazgos clave:

- **Mejores decisiones de contratación:** un estudio de McKinsey & Company de 2022 encontró que es más probable que las empresas que usan el análisis de datos para la adquisición de talento tomen mejores decisiones de contratación y reduzcan la rotación de personal.[11] Las plataformas de análisis de la fuerza laboral que usan aprendizaje automático pueden ayudar a las organizaciones a identificar a los candidatos correctos para el empleo con base en sus habilidades y potencial, en vez de sus simples credenciales.
- **Mejor gestión de talento:** un estudio de Deloitte de 2023 encontró que es dos veces
- más probable que las organizaciones que usan el análisis predictivo para la gestión de talento mejoren su canalización de liderazgo, y es 2.5 veces más probable que mejoren sus prácticas de talento que aquellas que no lo usan.[12] Esto sugiere que las plataformas de análisis de la fuerza laboral que usan el aprendizaje automático pueden ayudar a las organizaciones a tomar mejores decisiones sobre la gestión de talento.
- **Planeación más efectiva de la fuerza laboral:** la investigación de Accenture en 2024 encontró que las plataformas de análisis de la fuerza laboral pueden ayudar a las organizaciones a optimizar su planeación de la fuerza laboral al identificar brechas en habilidades y proporcionar información sobre el potencial de los empleados. Esto puede ayudar a las organizaciones a tomar mejores decisiones sobre el despliegue y desarrollo de talento.[13]

Las estrategias de talento basado en habilidades representan un enorme reto informático para las organizaciones. El uso efectivo de la IA puede asistir a las compañías para determinar qué habilidades aprovechar en el entorno laboral y cómo aprovecharlas tanto en el análisis como en la planeación de talento. Estas capacidades pueden informar mejores decisiones de gestión de talento. Si se las lleva a su conclusión lógica, las herramientas de gestión laboral basadas en IA serán capaces de ayudar a las empresas a entender mejor las tendencias y las habilidades tanto actuales como emergentes mediante la previsión y la evaluación comparativa.

Para aprovechar al máximo la IA, necesitamos una manera globalmente estandarizada de organizar los datos requeridos con respecto a los puestos y las habilidades, pues de otro modo es difícil compaginar efectivamente con las oportunidades correctas a las personas que cuentan con las habilidades correctas. Por ejemplo, un técnico en energía solar en la empresa A necesita instalar y dar mantenimiento a paneles solares que generen electricidad, trabajar en techos y conectar paneles a sistemas eléctricos. En contraste, un técnico en energía solar de la empresa B necesita instalar sistemas que usen energía solar para calentar agua, trabajar con plomería y revisar la eficiencia energética. A pesar de que ambos trabajos se llaman «técnico en energía solar», la empresa A se enfoca en la electricidad solar, mientras que la B se enfoca en calentar agua con energía solar.

Con un sistema estandarizado para identificar y clasificar las habilidades, sería más fácil que la IA pudiera emparejar adecuadamente a los candidatos con oportunidades de trabajo, incluso cuando los nombres de los puestos son los mismos pero las habilidades requeridas son diferentes. Para ayudar en este proceso, las empresas deben buscar tener un sistema de clasificación universal para las habilidades que tratan de medir. Este sistema tiene que ser lo suficientemente maleable para demostrar cambios en las habilidades con el tiempo, las nuevas habilidades que se necesitarán en un futuro y aquellas que requieren crecimiento y mejora.

Estudio de caso

Arena Analytics: usar datos para combatir sesgos

Myra Norton, directora ejecutiva de Arena Analytics, me dijo que su empresa usa algoritmos de aprendizaje automático para evaluar las habilidades y competencias de candidatos a puestos con base en datos objetivos, como la experiencia laboral de los empleados, su formación y evaluaciones de habilidades.[14] Al concentrarse en habilidades y competencias en vez de características personales, la plataforma ayuda a eliminar sesgos inconscientes que puedan influir en los procesos de contratación tradicionales.

Jill Thomas, funcionaria en jefe de enfermería en un sistema de salud multisitio en el noreste del Pacífico estadounidense con 20 000 empleados, recurrió a Myra para ayudar a gestionar los problemas de personal de su hospital. Después de escuchar a Myra hablar en una conferencia de salud, Jill sintió curiosidad por la habilidad de Arena Analytics para eliminar los sesgos del proceso de contratación. El personal de Jill era poco numeroso y tenía una carga de trabajo demasiado fuerte. La satisfacción de los pacientes había disminuido, al igual que la calidad de los servicios de atención. Los criterios de contratación tradicionales del hospital creaban un entorno laboral en el que todos los miembros tenían credenciales similares. Los gerentes de contratación se concentraban en la experiencia, buen historial y evaluaciones de comportamiento. Jill buscó ayuda de Arena Analytics para reconsiderar el *perfil* que solían contratar tradicionalmente.

Arena Analytics tenía dos objetivos: *1)* aumentar el flujo de candidatos, y *2)* estabilizar la fuerza laboral al reducir la rotación de personal. Gracias a su colaboración con Arena Analytics, el sistema de salud de Jill pudo identificar a individuos que probablemente prosperarían en su organización. Muchos de estos candidatos viables habían estado por debajo de la consideración según los métodos de contratación tradicionales previos. Con ayuda de Arena Analytics, el hospital incrementó el flujo de candidatos en un 20%, lo cual permitió que el sistema de salud cubriera sus puestos disponibles y mejorara la calidad de la atención a las comunidades a las que sirve.

Adicionalmente, al descartar el perfil anticuado de un candidato ideal, los miembros de la comunidad que nunca habían considerado hacer carrera en el sector de salud entraron a la profesión y comenzaron una trayectoria que les permite movilidad económica a ellos y a sus familias. Mediante la plataforma de Arena Analytics, 16% de los candidatos fue contratado para un puesto para el que *no* se habían postulado en un inicio, y los candidatos enviaron 18% más solicitudes por la plataforma que por medios tradicionales. Ambas son medidas de las oportunidades que ha creado el nuevo sistema de contratación.

El impacto financiero de este trabajo ha sido igualmente significativo. El sistema de salud cubrió muchos puestos, entre los cuales se incluían nuevas contrataciones en el cuidado directo de pacientes, servicio al cliente, laboratorio y transporte, entre otras áreas. La rotación de personal disminuyó en un 35%, lo cual le ahorró a la organización más de 20 millones de dólares anuales. Más que eso, usar la plataforma de Arena Analytics permitió cambios fundamentales en la estructura del sistema de salud para mantener estos beneficios en el futuro.

Esas tácticas avanzadas de IA localizan e impiden que sesgos inconscientes influyan en las decisiones de contratación. Han demostrado ser un mecanismo viable para reducir la perpetuación de buscar solo a candidatos similares, es decir, cuando los equipos de contratación homogéneos favorecen a candidatos semejantes, los líderes eligen a empleados que se les parecen para ascensos internos. La implementación generalizada de esta tecnología tiene el potencial de impulsar la movilidad socioeconómica.

A medida que el mercado laboral sigue evolucionando, la capacidad de contratar por habilidades se volverá cada vez más importante para las organizaciones que busquen seguir siendo competitivas, adaptarse a circunstancias cambiantes y crear una cultura en la que todos los miembros de la organización puedan ganar.

Lo que indica la investigación

Mi análisis de datos de 1 200 empresas muestra que muchas avanzan hacia equipos más flexibles. Estos equipos pueden cambiar y adaptarse rápidamente para cubrir las necesidades cambiantes del negocio. En realidad, una encuesta reciente de Deloitte Global Human Capital Trends encontró que 76% de los altos ejecutivos calificaba la movilidad interna de talento como «importante». El 20% de los altos ejecutivos colocaba la movilidad interna de talento entre los tres asuntos más urgentes de su organización. Sin embargo, solo 6% de los altos ejecutivos encuestados describió su organización como «excelente» en permitir la movilidad interna de talento.[15] Esto indica que hay una brecha significativa entre la importancia que se le da a la movilidad interna y la verdadera efectividad de ponerla en marcha dentro de las empresas.

Proceso de cambio: *seis pasos para reconsiderar las credenciales*

Prepárate

1. **Identifica las oportunidades para centrarte en las voces de los empleados:**
   - Lleva a cabo encuestas y entrevistas para despertar el interés de empleados actuales y reunir perspectivas sobre las habilidades requeridas para el éxito en sus puestos.
   - Organiza grupos focales y facilita discusiones con empleados provenientes de contextos diversos para identificar habilidades prácticas y atributos necesarios para diferentes puestos.
   - Usa la información reunida para señalar brechas específicas en el actual proceso de contratación y oportunidades para integrar evaluaciones basadas en habilidades.
   - Entrevista a empleados que se destaquen en sus puestos y observa las actividades rutinarias para crear perfiles detallados de atributos del puesto que destaquen habilidades y comportamientos clave.

Actúa

2. **Da prioridad a poner en marcha estrategias de contratación basadas en habilidades:**
   - Concéntrate en las habilidades y competencias requeridas al desarrollar descripciones de un puesto, en vez de en los requisitos tradicionales como títulos o años de experiencia.

- Incorpora pruebas prácticas y evaluaciones de habilidades en el proceso de contratación para evaluar de manera objetiva las habilidades de los candidatos.
- Aprovecha la tecnología al invertir en sistemas de seguimiento de candidatos y algoritmos que vinculen las habilidades de un candidato con los requisitos de un puesto, para reducir sesgos en el proceso de contratación.
- Crea programas de capacitación e instruye a gerentes de contratación y personal de recursos humanos sobre la importancia de la contratación basada en habilidades y sobre cómo evaluar efectivamente las habilidades de los candidatos.

Refina

3. **Trabaja con los empleados para desarrollar nuevos enfoques a la contratación basada en habilidades:**
   - Lleva a cabo talleres colaborativos en los que los empleados puedan contribuir con ideas para refinar el proceso de contratación basado en habilidades.
   - Lleva a cabo programas piloto para poner a prueba los nuevos enfoques en departamentos seleccionados, incorporando la retroalimentación de los empleados para asegurar la aplicación y efectividad práctica.
   - Alienta al personal a compartir sus experiencias y sugerir mejoras con base en sus perspectivas y experiencias únicas.

4. **Evalúa resultados y la adopción de nuevos enfoques:**
   - **Usa indicadores:** evalúa el impacto de la contratación basada en habilidades dando seguimiento a la diversidad de los contratados, el desempeño de los nuevos empleados y la satisfacción laboral en general.
   - **Reúne retroalimentación:** recurre a las apreciaciones de los gerentes de contratación y los recién contratados para medir la efectividad de las nuevas estrategias.
   - **Revisa las tasas de adopción:** revisa con regularidad qué tan amplia y efectivamente se ha adoptado el proceso de contratación basado en habilidades dentro de la organización.

5. **Ajusta los nuevos enfoques según sea necesario:**
   - **Realiza los ajustes necesarios** para mejorar el proceso de contratación basado en habilidades.
   - **Mantente actualizado:** mantente al día con respecto a las buenas prácticas y tendencias emergentes en la contratación basada en habilidades para refinar continuamente tus estrategias.
   - **Asegura la congruencia:** comunica con claridad los ajustes e implementalos de forma congruente dentro de la organización.

Comunícate y aprende

6. **Comunícate con regularidad:**
   - **Brinda actualizaciones regulares:** comparte los avances y resultados continuos de las iniciativas de contratación basada en habilidades mediante bole-

tines informativos, reuniones y plataformas de comunicación interna.

- **Destaca historias de éxito:** comparte testimonios de recién contratados y gerentes de contratación para ilustrar los impactos positivos de los nuevos enfoques.
- **Crea un circuito de retroalimentación:** fomenta la retroalimentación constante e inicia discusiones sobre el proceso de contratación basado en habilidades para propiciar aún más la confianza.

Implementar un proceso de contratación basado en habilidades quizá enfrente resistencia al cambio, falta de aceptación de parte de los gerentes de contratación y dificultades para encontrar las herramientas de evaluación adecuadas. Para superar estos retos, las organizaciones deben desarrollar un plan de comunicación para asegurarse de que todos los actores relevantes entiendan los beneficios de contratar con base en habilidades y proporcionen apoyo y capacitación constantes a los gerentes de contratación y los reclutadores para asegurarse de que puedan implementar efectivamente el nuevo proceso. Colaborar con consultores externos y expertos en la industria también puede brindar una guía y recursos valiosos para implementar un proceso de contratación exitoso basado en habilidades. Por consiguiente, existen numerosas estrategias para poner a una empresa en la posición de aprovechar mejor los beneficios que confiere la contratación basada en habilidades.

Al adoptar un proceso de contratación basado en aptitudes y aprovechar las plataformas de inteligencia de habilidades, las organizaciones pueden atraer y retener al mejor talento, aumentar la productividad y crear un entorno laboral más diverso e inclusivo para cosechar los beneficios mencionados del proceso de cambio ganar-ganar. Al reconsiderar las credenciales, las empresas pueden aprovechar una plantilla de talento más extensa, construir una fuerza laboral más inclusiva y finalmente encontrar al mejor candidato para el puesto. Esto puede llevar a una mayor innovación, una mejora en resolución de problemas y un negocio más exitoso.

Mientras que en este capítulo aprendimos que reimaginar las credenciales abre la puerta a una gama más extensa de candidatos calificados, las organizaciones necesitan un enfoque estratégico para cultivar y desarrollar ese talento. En el capítulo 7, exploraremos estrategias para construir una plantilla extensa de talento, para asegurar que se tenga un suministro de individuos calificados listos para asumir puestos clave y contribuir con el éxito de tu organización. Demos vuelta a la página.

CAPÍTULO 7

DESARROLLAR PLANTILLAS DE GRAN TALENTO

Todos conocemos el atractivo irresistible de algo nuevo y reluciente. Los gerentes de contratación no son inmunes a esto. Con demasiada frecuencia, reclutan nuevos rostros y apuestan mucho dinero a talentos nuevos, con credenciales impresionantes pero que no han sido puestos a prueba. Pero ¿qué hay del talento que ya trabaja con ahínco para la organización? En un entorno laboral ganar-ganar, el talento interno es capacitado para crecer y preparado para ascensos. Lo último que quieres es que el talento interno deje tu empresa.

La historia de Katie: *demasiado poco, demasiado tarde: la incapacidad institucional para reconocer el potencial*

Katie Sievers, que se describe a sí misma como expansora de oportunidades, nunca fue el tipo de persona que se quedara esperando con los brazos cruzados a que le llamaran. Con una ambición natural por buscar el siguiente gran problema, prosperó en el mundo rápido y motivado por misiones de una *startup* joven de tecnología de educación. Después de su éxito con los clientes, dio un salto a líder de consultoría y siguió creciendo y aprendiendo constantemente. Si bien los cambios en su puesto no eran ascensos formales, la ágil cultura de equipo de la empresa y la libertad para proponer y ejecutar nuevos proyectos mantenía a Katie muy interesada. Cada día representaba un nuevo reto, y ella los asumía con entusiasmo. Pero quedaba pendiente una pregunta molesta: ¿dónde estaba el camino hacia el siguiente escalón? La dirección estratégica general de la empresa y, de manera más personal, la cuestión de los nombramientos —y quizá de un ascenso— permanecía oculta tras un velo de ambigüedad.

Luego el panorama cambió. La adquisición de la joven *startup* para la que trabajaba por parte de un gigante de la educación global prometía una nueva escala de impacto pero imponía restricciones en el alcance del puesto de Katie y la visibilidad que tendría de las prioridades organizacionales. Pasó a recibir órdenes de un nuevo gerente que ella sentía que no entendía ni valoraba su trabajo —en un momento en que el departamento enfrentaba problemas con los que Katie sentía que podía ayudar si se le daba la oportunidad—. Después de dos años, Katie se encontró a la deriva y decepcionada por la falta de oportunidades para impulsar el cambio.

«Pasé de sentir que confiaban en mí para moldear mi puesto a que me pusieran en una caja sin ventanas», recordó Katie en entrevista conmigo.[1] «Sentía como si mis colegas y yo fuéramos meros datos en un sistema, sin ninguna capacidad de actuar sobre nuestro trabajo o el éxito general del negocio».

Mientras tanto, la empresa dio comienzo a rondas de despidos. Los procesos empezaron a colapsar a medida que las personas con las habilidades y los conocimientos clave se iban de la organización. Quedaba claro que quien estaba tomando las decisiones de personal carecía de información crítica sobre los puestos y habilidades de la gente. Katie empezó a buscar oportunidades en otra parte.

He aquí el dilema: Katie no era la única. El gigante global, con sus vastos recursos, había perdido la oportunidad de aprovechar su potencial y el de muchos otros como ella. Katie era parte de una brecha de talento en espera de ser colmada. ¿Y si, en vez de tomar decisiones opacas de contratación y despidos, la empresa hubiera compartido su visión y hubiera reconocido el potencial único de los empleados para contribuir con valor? ¿Y si hubieran creado una *plantilla extensa* diseñada pensando en el éxito de los empleados?

LOS RIESGOS DE LA CONTRATACIÓN DE SUMA CERO

De acuerdo con los trabajadores a los que entrevisté, no es poco común que los empleadores ofrezcan bonos generosos y salarios competitivos para atraer a nuevo talento mientras al mismo tiempo, y al parecer ciegamente, dejan que el mejor talento interno languidezca sin alcanzar todo su potencial, o bien dejan que renuncie. Esta estrategia de suma cero les ofrece dinero a los candidatos sin lealtad ni potencial demostrados, y quizá, a su vez, desmotive a quienes ya están contratados y que fueron pasados por alto para el mismo puesto. En un entorno laboral ganar-ganar, la estrategia de contratación *comienza* por buscar internamente a recursos en espera de ser descubiertos, en vez de aceptar a candidatos desconocidos.

Desarrollar plantillas de gran talento, o cultivar un conjunto robusto de empleados con habilidad y experiencia a lo largo de diversos niveles y funciones, es crucial por varias razones. Para empezar, asegura la continuidad y estabilidad dentro de una organización al mitigar los riesgos asociados con la rotación de personal y las brechas en sucesión. En segundo lugar, una plantilla extensa de talento facilita la transferencia de conocimiento y la colaboración entre funciones, lo cual fomenta una cultura de aprendizaje e innovación. En tercer lugar, mejora el compromiso de los empleados, pues es más probable que los individuos se interesen en sus puestos y contribuyan en maneras significativas cuando ven que hay oportunidades de crecimiento y desarrollo dentro de la organización.

En este capítulo, exploraremos estrategias para conseguir una plantilla extensa de talento. Al implementar estos enfoques, puedes mejorar el compromiso de los empleados, cultivar la extensión de tu plantilla de talento y disfrutar de los beneficios financieros de empleados con más antigüedad. Adicionalmente, mejorarás la innovación y eficiencia dentro de tu organización, al aprovechar las diversas habilidades y experiencia de tu fuerza de trabajo para impulsar un crecimiento y éxito sostenibles.

La historia de Katie continúa: *un ganar-ganar fugaz*

Con los despidos en el aire y mala voluntad de parte de su nuevo gerente, Katie estaba lista para cortar lazos con su empleador. Pero la historia no acabó ahí. En una llamada con todo el departamento, Katie hizo una pregunta que le llamó la atención a un miembro del equipo de liderazgo y suscitó una conversación prolongada. El líder vio la ambición y las habilidades de pensamiento estratégico en Katie que sabía que agregarían valor a una diferente parte del negocio que estaba en proceso de desarrollar un nuevo producto y necesitaba una gerente de proyecto. A pesar de que Katie tenía un puesto de contacto directo con los clientes y no tenía experiencia previa con las metodologías de manejo de producto, *sí* tenía la experiencia en la industria, la orientación a soluciones y habilidades de colaboración necesarias para llevar a buen puerto el proyecto. El líder seleccionó a Katie para una adscripción temporal (con lo que dividió sus funciones temporalmente entre dos puestos) y le dio la autonomía de buscar la mejor solución para la tarea. Al fin Katie tenía la capacidad de acción y la flexibilidad que tanto ansiaba. Y la intuición del líder había sido la correcta: el proyecto fue un éxito.

Mientras que la corazonada del líder fue suficiente para mantener a Katie en la empresa unos cuantos meses más, su frustración con la incapacidad institucional más profunda de reconocer y promover el talento era un obstáculo demasiado grande. Katie dejó la empresa en cuanto surgió otra oportunidad poco después de completar el proyecto.

En mi investigación entrevisté a incontables empleados como Katie. Está Jonathan, un profesional experimentado con la mirada cansada que describió cómo fue navegar en el laberinto de guardianes de las nuevas oportunidades. Karmen, a quien se le quebraba la voz de frustración, añoraba la movilidad interna, una oportunidad para subir la escalera corporativa sin topar con un techo invisible. Y Julie hablaba de habilidades sin usar y talento desaprovechado, un fuerte recordatorio del potencial desperdiciado y una denuncia aleccionadora de las organizaciones incapaces de cultivar sus propios jardines.[2]

No eran solo historias individuales; eran las pinceladas que pintaban un retrato fiel de los entornos laborales de suma cero en los que el talento, el alma de cualquier organización, es secundario, y los empleados talentosos con potencial desaprovechado se marchitan en puestos que no los satisfacen.

LA MERMA SILENCIOSA: CUANDO LAS EMPRESAS IGNORAN LAS MINAS DE TALENTO INTERNO

Imaginemos una mina de diamantes que no resplandece con minerales cortados y pulidos sino con potencial humano. Ahora imagina que no se encuentra sepultada bajo tierra, sino precisamente dentro de tu organización. Esa es la tragedia del potencial desaprovechado: los vastos yacimientos de potencial humano que las empresas ignoran en su propio detrimento.

El costo es apabullante. Genera una rotación constante de empleados, y cada partida provoca una hemorragia de capital en reclutamiento, incorporación y productividad perdida. Los estudios indican que las contrataciones externas cuestan el doble de incorporar y tardan entre 3 y 12 meses en alcanzar su mejor desempeño, lo cual crea una brecha de productividad de 24 000 dólares por empleado. Es un alto precio a pagar por un currículum nuevo y reluciente cuando la *Harvard Business Review* reporta que los ascensos internos presentan mejores resultados que los externos en todos los indicadores durante el tiempo que dura el puesto.[3]

Pero no es cuestión de dinero nada más, sino también de ánimos. Un ejemplo es la sensación que Katie experimentó de sentirse a la deriva en un mar de ambigüedad, ya que sus talentos no eran apreciados y sus objetivos no eran escuchados o eran malentendidos. Una encuesta reciente de Gallup encontró que solo 33% de los empleados en Estados Unidos siente un compromiso con su trabajo, y las oportunidades limitadas de desarrollo son uno de los factores que más contribuyen a ello.[4] Como vimos en los capítulos 2 y 3, este desapego lleva a una pérdida de conocimiento y de memoria institucional y a una innovación inconclusa. Las organizaciones se vuelven rígidas y reacias o incapaces de adaptarse a los vientos de cambio del mercado.

¿Por qué nos aferramos a la ilusión de la contratación externa perfecta cuando puede haber diamantes justo frente a nuestras narices? Echémosle la culpa al atractivo del currículum nuevo y reluciente. Perseguimos la novedad, pasamos por alto la lealtad, el conocimiento institucional y el fuego que ya está encendido en nuestras propias filas. Se nos olvida que incluso el diamante más en bruto, con el corte y pulido correctos, puede transformarse en una joya deslumbrante.

Pero esto no tiene que ser así. Podemos crear un mundo en el que les demos más valor a las experiencias de los empleados en el mundo real y a su disposición a aprender que a las credenciales que hayan adquirido años atrás.

La historia de Shaun: *la mina de talentos oculta en el Hospital Presbiteriano de Nueva York*

Shaun Smith era una anomalía. Nacido en Jamaica, llegó a personificar el sueño americano como jefe de personal y cultura en el Hospital Presbiteriano de Nueva York, uno de los gigantes del país en atención médica. Sin embargo, su trayectoria no fue en absoluto directa. Tras un periodo fallido estudiando medicina, se dio cuenta de la importancia de encontrar su pasión, y eso lo llevó a los recursos humanos. Pero antes de eso transporte de carga pesada en una empresa de camiones y, luego, contar depósitos en bancos fueron trabajos que dieron forma a su manera de abordar el desarrollo de talento.[5]

«Aprendí mucho descargando mercancía de camiones», me dijo Shaun, mientras en su voz pesaba la sabiduría adquirida en su trayectoria poco convencional. «Fueron habilidades y competencias que adquirí. También fui cajero en un banco, así que puedo mecanografiar rápido. Me dedicaba a ingresar datos. Pero alguien vio algo diferente en mí». Ese *algo* no fue un buen historial, sino potencial. Y ese es el fundamento de la filosofía de Shaun. En 2022, cuando se enfrentó a un equipo de liderazgo en el Hospital Presbiteriano de Nueva York, que era tan homogéneo como una pintura de Norman Rockwell, podría haber elegido la ruta fácil. Podría haberse quedado con el *statu quo,* haber priorizado las contrataciones externas y a candidatos para los puestos con credenciales existentes. En vez de ello, hizo algo audaz. Miró hacia adentro.

Los hospitales tienen un problema: muchos tienen una hemorragia de talento. El personal de enfermería huye por agotamiento, los médicos persiguen el prestigio en otros lugares. A nivel mundial, las tasas de rotación de personal en la enfermería son de alrededor de 18%, y en los Estados

Unidos son aún más altas —de 28%—, lo cual hace que los hospitales sean una puerta giratoria de experiencia y pericia.[6] Shaun vio esto no como un problema, sino como una oportunidad. Una mina de diamantes, justo frente a sus narices, sepultada bajo potencial desaprovechado.

Introdujo la formación de aprendices, las pasantías y desmanteló el mito de *sin título, mejor lárgate*. Con Shaun al mando, las rotaciones de puestos se volvieron pasaportes a nuevas posibilidades que rompieron las barreras entre departamentos. Estereotipos sobre puestos *menores* fueron remplazados con un *ethos* que celebraba las trayectorias profesionales diversas. Las historias de éxito se volvieron la mejor publicidad y cada ascenso se volvió un testimonio del poder del desarrollo interno.[7]

Pero Shaun no se detuvo ahí. Sabía que el talento no era un privilegio reservado a los escaños más altos. Me describió cómo desafió al *statu quo* según el cual las tareas menores debían dejarse al personal de enfermería con poca experiencia, al argumentar que el talento debe empezar a fomentarse desde la línea de frente; es decir, al argumentar esencialmente a favor del proceso de cambio ganar-ganar. Desafió la tradición de asignar los turnos nocturnos por antigüedad y defendió una manera más justa de compartir esta responsabilidad entre todo el personal.

Para ayudar a mejorar las habilidades de su fuerza laboral, trabajó de cerca con los empleados de menor paga para entender sus necesidades y objetivos, y se dio cuenta de que muchos estaban en proceso de obtener un título pero no necesariamente avanzaban en su carrera dentro de la organización. Esto llevó a cambiar el modelo tradicional de rembolso de colegiaturas a un enfoque más estratégico en el que la empresa rembolsara la colegiatura si había una relación entre los estudios y objetivos profesionales del empleado y las oportunidades de movilidad interna en el hospital. El mensaje a los empleados cambió. En vez de decirles: «Queremos ayudarte a que te desarrolles», el mensaje se volvió: «Queremos que crezcas para que puedas crecer con nosotros». Además, se introdujo una serie de «foros de los miércoles», en los cuales los empleados podían tomarse una pausa para escuchar presentaciones de colegas de otros puestos en la organización.

¿El resultado? La rotación disminuyó un 25%. Al desafiar el supuesto de que el talento externo es superior, la empresa nutrió su canalización interna, lo cual resultó en un 50% más de puestos vacantes cubiertos con movilidad interna, y resultó en un ganar-ganar tanto para los ánimos de los empleados como para la eficiencia financiera. Y los altos ejecutivos, que solían ser un retrato monocromático, ahora reflejaban la diversidad de la comunidad a la que atendían.[8]

La historia de Shaun es un modelo a seguir. La idea es ver más allá de currículums y títulos, ver los diamantes en bruto y el potencial que aguarda bajo la superficie. La idea es desmantelar las jerarquías, celebrar a los talentos diversos e invertir en la gente que ya está ahí, lista para brillar.

Empresas como Arena Analytics, que conocimos en el capítulo 6, ya toman medidas para aprovechar la tecnología de punta capaz de empoderar a la organización para construir una canalización de talento robusta desde adentro. A continuación, exploraremos cómo Stadler US recurre a sus comunidades locales para construir una vía de canalización de talento propio.

Estudio de caso

Stadler US: aprovechar los recursos de la comunidad, formando a un aprendiz a la vez

Stadler US Inc., la rama estadounidense de la empresa globalmente reconocida Stadler Rail, estableció su planta en Utah en 2016. Al reconocer la importancia de una fuerza de trabajo capacitada, la empresa enfrentó el reto de encontrar personal calificado en una nueva ubicación. Stadler US necesitaba desarrollar una solución sostenible y económicamente viable para atender la escasez de trabajadores capacitados en la industria de manufactura ferroviaria. Los métodos tradicionales de reclutamiento resultaban insuficientes.

Martin Ritter, director ejecutivo de Stadler US, abogó por la implementación de un programa de formación de aprendices con base en un modelo exitoso que Stadler había lanzado en Suiza.[9] Este programa combina aprendizaje en el aula con capacitación práctica en el puesto, lo cual permite que los aprendices adquieran habilidades y experiencia valiosa mientras ganan un sueldo. El programa ofrece una gama de beneficios:

- **Fortalecimiento de la fuerza laboral:** Stadler US puede desarrollar a su fuerza laboral desde abajo mediante colaboraciones con preparatorias e institutos técnicos, para asegurar que los aprendices adquieran las habilidades específicas que exigen las necesidades de la empresa.
- **Oportunidades educativas:** los aprendices adquieren habilidades valiosas y certificaciones mediante el programa de colaboración con institutos técnicos, lo cual mejora su empleabilidad.
- **Impacto en la comunidad:** el programa ofrece una vía alternativa a egresados de la preparatoria que

quizá no elijan una formación universitaria tradicional de cuatro años.

- **Retención de empleados:** los aprendices que permanecen en el programa se sienten valorados por su empleador y, como resultado, sienten que quieren quedarse más tiempo.

El programa de formación de aprendices de Stadler ha beneficiado en maneras demostrables tanto a la empresa como a sus participantes. A continuación un vistazo al éxito del programa.

- A nivel global, Stadler ha formado a más de 1200 aprendices.
- El programa cuenta con una impresionante tasa de graduación de 85%.
- Stadler retiene a 75% de sus graduados, lo cual le ahorra a la compañía costos de reclutamiento y capacitación.
- El éxito del programa ha inspirado a otras cinco empresas locales a desarrollar sus propios programas de formación de aprendices.[10]

El programa de formación de aprendices de Stadler US sirve como un modelo exitoso para atender la escasez de mano de obra capacitada. Al desarrollar nuevo talento a nivel comunitario y al mismo tiempo ofrecer experiencia en el mundo real, el programa proporciona habilidades valiosas a jóvenes y los empodera para tener carreas enriquecedoras. Adicionalmente, el programa beneficia a empresas como Stadler al crear una vía para canalizar a trabajadores calificados, lo cual propicia una situación ganar-ganar para todos los involucrados. A medida que el programa sigue extendiéndose e inspirando a otros, tiene el potencial para revolucionar cómo se aborda el desarrollo de la fuerza laboral en Utah y potencialmente en los Estados Unidos y el mundo.

STARs A LA ESPERA DE PARTICIPAR

Intel es una empresa conocida también por su manera innovadora de abordar la constitución de su plantilla de talento. Los aprendices adultos, entre los que se incluyen individuos sin títulos universitarios (¡ahí están los STARs otra vez!) pueden beneficiarse de programas de capacitación que lleven a programas de certificación que, a su vez, se integren en las oportunidades de empleo en Intel. En el centro de Ohio, Intel mantiene un Programa de Investigación y Educación en Semiconductores que ayuda a los individuos a hacer la transición a carreras de alta demanda en sectores de ciencia y tecnología.[11] En realidad, las inversiones de Intel en Ohio han sido particularmente impresionantes, pues la empresa destinó 20 mil millones de dólares a construir dos fábricas de chips con tecnología de punta en el condado de Licking, Ohio —una inversión que se acompañó de un compromiso de 100 millones de dólares con colaboraciones educativas—.[12]

Los programas de Intel para construir plantillas de gran talento y aprovechar a los STARs no se limitan a regiones en las que la empresa construye nuevas plantas. A lo largo de los Estados Unidos, Intel proporciona apoyo personalizado al desarrollo profesional y mentorías a trabajadores en mitad de su carrera que quieren hacer la transición a carreras en tecnologías de la información. E Intel es un líder en sus esfuerzos por retener a los empleados que puedan presentar dificultades laborales. Una línea directa interna llamada «The Warmline» conecta a empleados con gestores de casos que pueden resolver conflictos dentro de los equipos y entre trabajadores y gerentes individuales, así como vincular al personal con fuentes de apoyo.[13]

En nuestra investigación de 355 empresas, los datos sobre Intel confirman el desempeño superior de la empresa en múltiples pilares del entorno laboral ganar-ganar. La paga media de un empleado en Intel es mucho más alta que el promedio nacional y la empresa se encuentra entre las firmas más generosas a las que da seguimiento JUST Capital con respecto a las prestaciones a los empleados: estos reciben más capacitación cada año que en la mayoría de las demás empresas, e Intel ofrece una gama de prestaciones (cuarto pilar: reimaginar las prestaciones laborales) tales como cuidado de personas dependientes, apoyo para cuidado infantil y asistencia para el pago de colegiaturas de los empleados.[14] Adicionalmente, Intel se beneficia de un programa sólido de propiedad de acciones, en el que 79 000 empleados actuales y previos son dueños de casi 22 000 millones de dólares en activos totales (noveno pilar: distribuir el liderazgo). Guardamos lo mejor para el final: todas estas inversiones e innovaciones son supervisadas por un director ejecutivo, Patrick Gelsinger, que personifica el sexto pilar: contratar a STARs en vez de dar prioridad a las credenciales. En vez de asistir a la universidad, Gelsinger aceptó una beca para una escuela vocacional a la edad de 16, después de lo cual obtuvo un diploma técnico. Entró a Intel a la edad de 18 como técnico y nunca miró atrás. ¡Ese *sí* que es un entorno laboral ganar-ganar!

Lo que indica la investigación

En nuestra investigación, descubrimos que las empresas que reimaginan las vías de ascenso de empleados logran un desempeño financiero superior. El análisis de datos de 355 empresas de la lista Fortune 500 reveló que tener vías sólidas de ascenso interno reduce significativamente las tasas de deserción en el corto plazo e impulsan el desempeño financiero, ya que un 38% de estas empresas mostró un fuerte crecimiento en sus activos. Estos resultados ponen de manifiesto la ventaja estratégica de cultivar una plantilla extensa de talento, fomentar la lealtad de los empleados y mantener la competitividad organizacional. En vista de ello, las empresas deben priorizar el mantener una plantilla extensa de talento, para de ese modo mejorar tanto la retención de los empleados como el desempeño financiero.

Proceso de cambio: *seis pasos para desarrollar plantillas de gran talento en tu organización*

Prepárate

1. **Identifica oportunidades para centrarte en la voz de los empleados:**
    - Lleva a cabo auditorías de talento para identificar a posibles candidatos de liderazgo a lo largo de todos los niveles de la organización.
    - Utiliza encuestas, grupos focales y entrevistas personales a los empleados para entender sus aspiraciones profesionales, barreras para avanzar y el apoyo necesario para su crecimiento. Shaun Smith destacó la importancia de escuchar al personal e

involucrarlos en los procesos de toma de decisiones. Subrayó que estos expresan reiteradamente el deseo de poder opinar en decisiones que tienen un impacto en ellos. Smith abogó por crear un ambiente cómodo en el que los empleados sientan que pueden compartir sus talentos y perspectivas, pues esto le permite a la organización liberar todo su potencial. Instauró los «foros de los miércoles», en los que podían aprender sobre diferentes puestos y perspectivas profesionales dentro de la organización. Esta iniciativa buscaba instruirlos acerca de diversas oportunidades y ayudarlos a navegar en sus trayectorias laboraless deseadas.

Actúa

2. **Prioriza establecer estrategias de inclusión de plantillas de gran talento:**
   - Implementa programas de mentoría y patrocinio para vincular al talento diverso con líderes superiores.
   - Asegúrate de que los programas estén diseñados para atender las barreras específicas a las que se enfrentan grupos subrepresentados y para crear vías para su crecimiento. Shaun atendió las brechas de diversidad en el Hospital Presbiteriano de Nueva York abogando por programas de movilidad interna (p. ej., el patrocinio de técnicos de laboratorio) e implementando indicadores de diversidad a lo largo de la organización. Hizo énfasis en la transparencia en discusiones sobre el talento y en un enfoque en el desarrollo del liderazgo. Shaun

también resaltó el apoyo de directores ejecutivos y la necesidad de adaptar las descripciones de los puestos para mejorar la adquisición de talento.[15]

Refina

3. **Trabaja con los empleados para desarrollar nuevos enfoques:**
   - Establece un proceso estructurado para identificar y nutrir al talento para futuros puestos de liderazgo.
   - Formula criterios e indicadores claros para evaluar a potenciales candidatos para plantillas de gran talento. Shaun Smith trabajó con los empleados del Hospital Presbiteriano de Nueva York para desarrollar un nuevo enfoque a los programas de asistencia para colegiaturas. Colaboró de cerca con los empleados para entender sus necesidades y objetivos, tras lo cual se dio cuenta de que muchos estaban en proceso de obtener un título pero no necesariamente avanzaban en su carrera dentro de la organización. Esto llevó a un cambio hacia un enfoque más estratégico para el rembolso de colegiaturas, en el cual la empresa rembolsaría la colegiatura para puestos relacionados con el hospital.

4. **Evalúa los resultados y la adopción de nuevos enfoques:** sigue el progreso de los participantes en programas de desarrollo de liderazgo con indicadores de desempeño, tasas de ascensos y retroalimentación. Analiza estos datos para identificar qué enfoques son más efectivos en preparar a los empleados para puestos de liderazgo. Shaun Smith evaluó los resultados del nuevo enfoque en la asistencia para colegiaturas

al dar seguimiento a indicadores como tasas de término de programas, porcentajes de movilidad interna y retención general del personal. Encontró que al volver el programa de colegiaturas más intencional y alineado a objetivos profesionales, los empleados estaban más motivados a terminar sus estudios. La organización también vio un aumento significativo en la movilidad interna, ya que 40% del personal logró avanzar profesionalmente dentro del primer año de la implementación del programa.[16]

5. **Ajusta los nuevos enfoques según sea necesario:** con base en la retroalimentación y los datos del desempeño, refina los programas de mentoría, patrocinio y capacitación. Esto quizá implique modificar los planes de estudios, ajustar el criterio de vinculación o introducir nuevos mecanismos de apoyo para preparar mejor a los empleados para puestos de liderazgo. Con base en los resultados iniciales, Shaun realizó los ajustes necesarios para refinar el programa de asistencia para colegiatura. Centralizó los presupuestos y la administración de los programas de certificación para tener más control sobre el gasto estratégico. También comenzó a explorar maneras de extender el apoyo educativo a los hijos de los empleados, con lo que reconoció la importancia de crear una vía de canalización de talento más a largo plazo y fomentar la lealtad entre los empleados del hospital.

Comunícate y aprende

6. **Comunica el progreso en la implementación de nuevos enfoques:** brinda actualizaciones regulares

a la organización sobre el avance de las iniciativas de desarrollo de talento. Comparte historias de éxito, indicadores clave y aprendizajes obtenidos con la implementación de los nuevos enfoques. Usa estos comunicados para reforzar el compromiso de la organización con la construcción de una vía de canalización diversa e inclusiva. Shaun Smith comunicó activamente el nuevo enfoque de la asistencia para colegiaturas y sus éxitos tanto interna como externamente. Compartió sus aprendizajes con colegas de otras organizaciones de atención médica como Intermountain Healthcare para promover la adopción de estrategias similares de desarrollo de talento. Shaun también se acercó al CEO Jobs Council en Nueva York, para colaborar con 34 instituciones en la creación de 100 000 empleos para neoyorquinos mediante alianzas con instituciones educativas como la City University of New York.[17]

Al aplicar este proceso de cambio de manera sistemática, las organizaciones pueden desarrollar plantillas de gran talento que sean interseccionales e inclusivas y estén bien preparadas para asumir futuros puestos de liderazgo.

Imagina un futuro en el que se reconozca, se nutra y se libere el potencial de cada individuo. No es cosa de ciencia ficción; es el potencial del proceso de cambio ganar-ganar que espera realizarse. La pregunta sigue en el aire: ¿tendremos el valor de comprometernos con desarrollar una plantilla extensa de talento y presenciar la transformación de joyas ocultas en STARs que iluminen el futuro de nuestras organizaciones? La respuesta, al igual que el talento oculto, espera ser descubierta.

En este capítulo, aprendimos que hay vías para ampliar las plantillas de talento si buscamos dentro de nuestra empresa. En el capítulo 8, partiremos de este conocimiento para vincular nuestros esfuerzos, pues sabemos que lo que no se mide no cuenta. En el entorno laboral ganar-ganar, lo que no se mide se recorta.

CAPÍTULO 8

USAR LOS INFORMES DE CAPITAL HUMANO COMO ESTRATEGIA COMPETITIVA

La transparencia no era una prioridad en la manera en la que solían hacerse los negocios. Un proyecto de investigación de 2021 llevado a cabo por JUST Capital analizó la divulgación de datos de los 100 empleadores más grandes de los Estados Unidos y examinó factores de capital humano como tipos de empleo y trabajo, estabilidad laboral, salarios, compensación y prestaciones, diversidad de la fuerza laboral, equidad e inclusión, salud y seguridad ocupacional, capacitación y educación.[1] La investigación encontró que la tasa de divulgación era de menos de 20% para la mayoría de estos indicadores, pues muchas empresas se resisten a reportar las mediciones a menos que sea requerido legalmente.

Esta reticencia a reportar ha cambiado. Desde que la Comisión de Bolsa y Valores de los Estados Unidos adoptó nuevas reglas de divulgación de capital humano en 2020, las empresas que cotizan en la bolsa se han concentrado cada vez más en estas divulgaciones, con escrutinio de empleados, inversionistas y otros actores relevantes.[2]

A partir de una encuesta de 2021 de empresas del índice bursátil S&P 500, una actualización reciente del despacho legal Gibson Dunn analizó divulgaciones de las empresas aún más grandes del S&P 100. Esta actualización revela una clara tendencia: las compañías divulgan cada vez más datos. Están extendiendo y profundizando sus divulgaciones, con un ligero aumento en datos cuantitativos.[3] A continuación algunos de los hallazgos clave de Gibson Dunn:

- **Se divulgan más datos:** 79 empresas aumentaron la extensión de sus divulgaciones y 66 cubrieron más temas.
- **Enfoque en áreas específicas:** la atracción y retención de talento, la compensación de los empleados, las estadísticas de diversidad, la seguridad laboral y la equidad salarial presentaron aumentos significativos en la frecuencia de divulgación.
- **Aumento de la diversidad, equidad e inclusión (DEI):** las discusiones en torno a las iniciativas de DEI se volvieron más prevalentes, ya que 37% de las empresas divulgaba datos cuantitativos sobre desgloses de DEI. La supervisión de mesas directivas de capital humano también recibió más atención.
- **Un enfoque constante:** mientras que la cantidad de información varía, los temas discutidos más comunes permanecieron constantes: el desarrollo, la atracción y retención de talento, el covid-19 y la compensación o las prestaciones. Entre las divulgaciones menos frecuentes se incluían la planeación de sucesión, desgloses sobre el tipo de empleados, brechas salariales cuantitativas y tasas de rotación de personal.

La mentalidad de la divulgación abierta presenta dos oportunidades clave. En primer lugar, la transparencia es esencial para medir el progreso. Proporciona información valiosa no solo para empleados y candidatos que toman decisiones de empleo sino también para los accionistas y clientes que desean alinear sus inversiones con sus valores. En segundo lugar, las empresas ganar-ganar guiarán a sus pares, gozando de beneficios como una mayor lealtad de los empleados, un mayor interés por parte de los inversionistas y una mayor conciencia de la marca, aspectos asociados con empresas que comparten activamente sus mediciones de capital humano. En contraste, las empresas de suma cero que demoran la acción enfrentarán el desafío de ponerse al corriente después, a medida que el gobierno instaure más leyes y el interés de los participantes en mediciones de capital humano aumente.

EL ENFOQUE DEL ENTORNO LABORAL GANAR-GANAR PARA LOS INFORMES DE CAPITAL HUMANO

En un entorno laboral ganar-ganar, los empleadores usan los informes de capital humano como una estrategia clave para atraer a clientes e inversionistas al mismo tiempo que aumentan la rentabilidad. Dicho de manera simple, el nuevo mundo del trabajo obligará a las empresas a rendir cuentas. Las empresas que dominen las prácticas ambientales, sociales y de gobernanza (prácticas ESG, por sus siglas en inglés) pueden aprovechar sus informes de capital humano para conseguir una ventaja competitiva en el futuro del trabajo. Demostrar públicamente su compromiso con el crecimiento de los empleados destaca sus valores al mismo tiempo que incrementa la transparencia, la rendición de cuentas y la rentabilidad. En este capítulo, exploraremos cómo las empresas aprovechan la medición como estrategia competitiva. Este examen proporcionará claves para implementar las estrategias de medición en tu propia empresa. Hacerlo te permitirá demostrar transparencia tanto ante tus empleados como ante tus clientes, utilizar indicadores para medir el retorno de la inversión de nuevas estrategias y presentar argumentos fuertes para la adopción de estrategias del entorno laboral ganar-ganar.

El siguiente cuadro enlista las categorías de datos y puntos clave que hay que incluir al establecer un sistema para compartir la información más pertinente sobre el personal de la empresa.

Datos de capital humano

Datos	Descripción
Salarios y compensación	Información sobre lo que se les paga a los empleados y los beneficios financieros adicionales que reciben. Comprende los salarios, sueldos por hora, bonos, opciones de compra de acciones y pago de horas extra.
Prestaciones	Implica detalles sobre beneficios no salariales que los empleados reciban, tales como seguro médico, planes de retiro, días libres con goce de sueldo, permiso de maternidad o paternidad y seguro de vida.

Datos	Descripción
Capacitación y desarrollo	Información sobre oportunidades para que los empleados aprendan y crezcan en sus empleos, entre las que se incluyen programas de capacitación, certificaciones, planes de desarrollo de carrera, programas de mentoría y asistencia educativa.
Composición de la fuerza laboral	Información sobre la constitución de la fuerza laboral de la empresa, como indicadores de diversidad, empleados de tiempo completo y de tiempo parcial, empleados por contrato y permanentes, niveles de antigüedad y distribución geográfica.
Bienestar de los empleados	Información sobre programas e iniciativas para apoyar la salud y el bienestar de los empleados, como programas de salud, apoyo a la salud mental, equilibrio entre la vida personal y laboral, programas de seguridad y de asistencia a empleados (EAP, por sus siglas en inglés).
Contratación y estabilidad	Iinformación sobre cómo la empresa contrata y retiene a sus empleados, incluyendo mediciones de reclutamiento, tasas de rotación de personal, antigüedad, tasas de ascenso y satisfacción laboral.

Tal como abordamos en el capítulo 3, relativo a las estrategias de inclusión interseccional, es importante desglosar estos datos con marcadores de identidad para entender verdaderamente cómo le va a la gente dentro de una organización e identificar áreas por mejorar. La siguiente figura muestra ejemplos de indicadores que las empresas pueden divulgar para promover la transparencia y fomentar un ambiente de trabajo positivo.

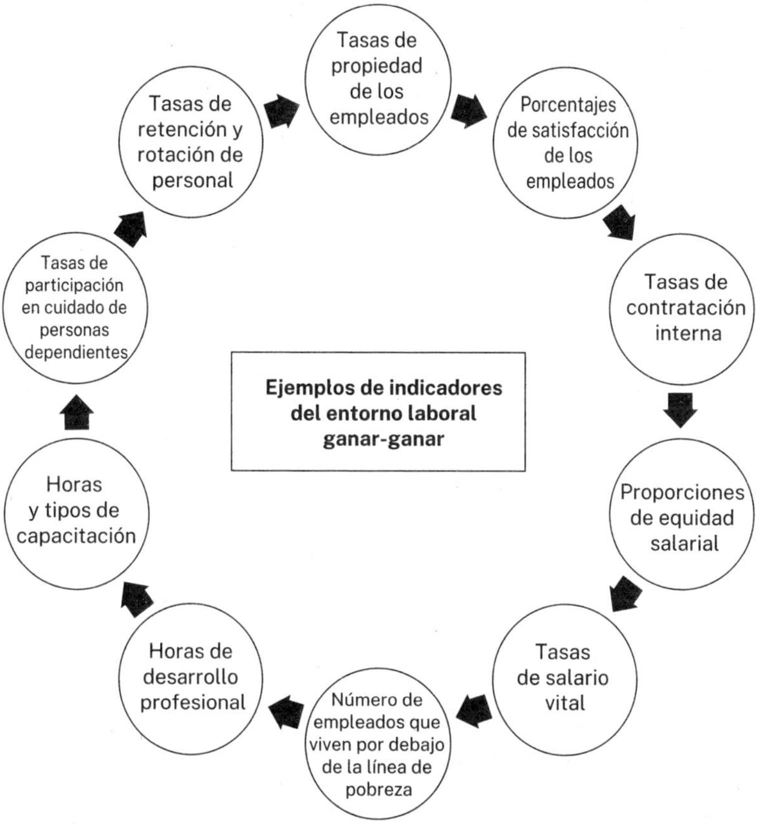

Las empresas deben considerar priorizar las medidas cuantitativas (p. ej., horas de capacitación por empleado) para cada área de capital humano y, al mismo tiempo, comprometerse a recolectar datos cualitativos (p. ej., cómo se sienten los empleados con los tipos de programas ofrecidos) para fundamentar la viabilidad financiera y dar una visión integral de su compromiso con un entorno laboral ganar-ganar.

A continuación, las preguntas que puedes plantearte a ti, a tus empleados y al alto liderazgo:

Transparencia empleado-propietario: ¿pueden los empleados opinar sobre las decisiones de la empresa?

Horas de desarrollo profesional: ¿qué tanta capacitación se ofrece para ayudar a los empleados a mejorar su carrera profesional?

Programas de formación de aprendices: ¿se ofrecen programas de formación para desarrollar nuevo talento?

Satisfacción de empleados: ¿qué tan felices están?

Tasa de contratación interna: ¿qué tan a menudo se asciende a individuos dentro de la empresa?

Análisis de la equidad salarial: ¿a todos se les paga de manera justa sin importar su género, raza y capacidad física?

Información sobre el salario vital: ¿somos capaces de pagar un salario vital en las áreas en las que operamos?

Tasa de retención o rotación: ¿cuántas personas permanecen en la empresa y cuántas se van?

Número de empleados que viven en la pobreza: ¿cuántos de nuestros empleados tienen dificultades para costear sus necesidades básicas?

Cuidado de personas dependientes: ¿ofrecemos apoyo a los empleados con acceso igualitario a las mismas necesidades de cuidado a personas dependientes?

Estas preguntas te ayudarán a determinar el camino a seguir para volverte un entorno laboral ganar-ganar. También te ayudarán a tener un punto de referencia sobre dónde te encuentras hoy y así preparar a la empresa para usar los informes de capital humano como estrategia competitiva. El siguiente estudio de caso ilustra cómo estas cuestiones pueden tener un impacto significativo en el bienestar de los empleados y en asegurar la estabilidad de la contratación.

Estudio de caso:
La historia de Natasha: la transparencia es más que solo palabras

Natasha Lamb, cofundadora de Arjuna Capital, ha construido un negocio exitoso invirtiendo en empresas que adoptan la transparencia y la equidad. Antes de fundar Arjuna Capital, Natasha era alta ejecutiva en una empresa de finanzas de alto nivel. Durante nuestras entrevistas, me compartió una historia personal que le dejó muy en claro la reacción en cadena de cómo las prácticas de capital humano de una empresa pueden influir en su retención de talento, lo cual a su vez influye en las operaciones, y esto influye en la rentabilidad.[4] Cuando Natasha regresó al trabajo después de su permiso de maternidad por su primer bebé, preguntó si podía trabajar en casa un día a la semana para pasar más tiempo con su hijo y poder equilibrar mejor su vida personal y laboral. Mientras que la empresa accedió a su petición, le dijeron que solo le pagarían una semana de cuatro días y su paga también se reduciría para reflejar el nuevo horario. Si bien la empresa para la que trabajaba era conocida por inversiones alineadas con valores ESG, de pronto le quedó claro a Natasha que la empresa no ponía en práctica esos valores en sus operaciones. Los procesos de toma de decisiones y creación de políticas eran opacos y, en opinión de Natasha, arbitrarios e incluso punitivos. Había una enorme desconexión entre lo que su empresa afirmaba ser y lo que en realidad hacía.

En vez de aceptar la reducción en su paga, Natasha renunció y fundó su propia empresa, Arjuna Capital, la cual invierte en empresas que proporcionan horarios laborales flexibles al mismo tiempo que se aseguran de que a los empleados se les pague equitativamente. Su interés no era meramente altruista: su investigación encontró que las empresas con mayores brechas salariales para hombres y personas de color tenían un peor desempeño que sus pares. Motivada por la creencia de que estas brechas señalan cómo las empresas evalúan a sus empleados, solicitó que los beneficiarios de sus inversiones divulgaran información sobre salarios y rectificaran las brechas salariales.[5] Después de hacer un llamado a la transparencia y la divulgación, ha visto crecer a dichas empresas por un factor de tres por encima de su competencia al mismo tiempo que mantienen su rentabilidad.

Estudio de caso

El poder de la transparencia: la apertura radical de Buffer

En el mundo competitivo de las *startups*, la confianza puede ser una mercancía preciada. Los clientes bombardeados de opciones necesitan una razón para creer en una nueva empresa, y sentar las bases de esa confianza suele ser un proceso largo y arduo. Los enfoques tradicionales suelen basarse en una imagen pública cuidadosamente diseñada y comunicación controlada. Pero Buffer, una empresa de *software* para manejo de redes sociales fundada en 2010, se atrevió a ser diferente. Adoptó una filosofía de apertura radical, un concepto que desafió el *statu quo* y transformó su trayectoria.

La apertura radical para Buffer implicaba transparencia completa con respecto a todos los aspectos de su negocio. No se trataba solamente de compartir comunicados de prensa e historias de éxito cuidadosamente seleccionadas. Implicaba abrir la bóveda: se dejaron al descubierto datos financieros, salarios de empleados, discusiones internas e incluso nuevos productos fallidos. Esta estrategia audaz podría parecer una receta potencial para el caos y la vulnerabilidad; sin embargo, la experiencia de Buffer pone de manifiesto una verdad muy poderosa: la transparencia, cuando se adopta incondicionalmente, puede ser una herramienta poderosa para construir confianza y propiciar el éxito.

El beneficio más inmediato de la apertura de Buffer fue la creación de un fuerte sentido de confianza con sus clientes. En vez de ver mensajes de *marketing* cuidadosamente redactados, los usuarios potenciales veían a una empresa dispuesta a exponer sus mecanismos internos, con todo y defectos. Esta autenticidad fomentó una sensación de conexión verdadera, lo cual les permitió a los clientes entender los valores y operaciones de Buffer en una manera que el *marketing* tradicional simplemente no podía imitar. Esto se tradujo directamente en confianza de los usuarios y en una mayor tasa de adopción, lo cual impulsó el crecimiento de Buffer.

No obstante, los beneficios trascendieron su base de clientes. El estilo de comunicación abierta de Buffer fomentó un sentido de colaboración e innovación dentro de su propio equipo. Ya que la información fluía libremente, todos se sentían informados y empoderados para contribuir. Esto creó una empresa más ágil y eficiente —que se alinea con los pilares del entorno laboral ganar-ganar— en la que las ideas podían ponerse a prueba y refinarse rápidamente. Los empleados se sentían valorados y comprometidos, lo cual contribuyó a un ambiente laboral favorable que desempeñó un papel primordial en el rápido éxito de Buffer.

En apenas tres años, Buffer alcanzó la cifra impresionante de un millón de clientes diarios. Sin duda hubo otros factores que contribuyeron a su éxito, pero el impacto de su apertura es difícil de ignorar. Esta le permitió a Buffer atraer y retener una base de clientes fieles, construir una cultura interna fuerte y a fin de cuentas establecerse como un actor principal en el panorama de la gestión de redes sociales. Buffer sigue siendo líder en transparencia entre sus colegas con respecto a una de las áreas más tabú del entorno laboral: la compensación. Durante más de una década, Buffer ha compartido abiertamente su información salarial tanto interna como externamente.

Joel Gascoigne, el director ejecutivo, insiste en que la compensación es un aspecto crucial y sensible del trabajo, vinculado estrechamente con cultivar sustentos y sueños. Destaca que «las decisiones que una empresa toma en cuanto a la compensación» tienen un impacto significativo en las percepciones de justicia y equidad. Más aún, cree que la transparencia es vital para que los miembros del equipo cuenten con «la información completa sobre cómo tomamos las decisiones en torno a la compensación». Cuando se le preguntó por qué son transparentes con respecto a los salarios, Gascoigne dijo: «Todo esto lleva a más confianza. Creemos que la confianza es el fundamento de un excelente trabajo en equipo, y hemos aprendido durante más de una década de experiencia que la transparencia da pie a la confianza».[6] La historia de Buffer es un testimonio del poder de la transparencia. Demuestra que la confianza, construida mediante apertura genuina, puede ser una ventaja competitiva significativa.

Sin embargo, cabe aclarar algo muy importante: adoptar la transparencia no es una solución que les convenga a todos. Ciertas industrias o empresas con información sensible quizá requieran un enfoque más matizado, de modo que la apertura radical quizá no sea apropiada para todas las organizaciones. No obstante, el éxito de Buffer ofrece ideas valiosas para cualquier compañía que busque construir confianza, fomentar la colaboración y lograr un crecimiento rápido. En un mundo que demanda cada vez más autenticidad, la transparencia es una clave para desbloquear todo el potencial de una empresa.

La historia de Ekow: *abrirle la puerta de cristal a la diversidad*

Ekow Sanni-Thomas trabajó durante 13 años en las finanzas corporativas antes de dejar el campo. En nuestra entrevista, describió cómo se había hartado de la falta de diversidad en sus trabajos.[7] La hipocresía que había también lo dejaba emocionalmente exhausto. En mayo de 2020, tras la muerte de George Floyd, un hombre negro no armado, a manos de oficiales de policía de Mineápolis, las empresas pronunciaron públicamente su compromiso con la diversidad, el antirracismo y la comprensión de las necesidades de los empleados negros. Ekow observó estos compromisos, y a pesar de que la retórica había cambiado, no notó ningún resultado apreciable. Se preguntó cómo poder hacer que estas empresas de suma cero rindieran cuentas en un ambiente que carecía por completo de transparencia.

Frustrado, decidió hacer algo. Comenzó una investigación para entender sus experiencias, retos y necesidades. Mediante entrevistas y encuestas con otros colegas de color en diversas industrias, buscó reunir y compartir ideas y recursos valiosos. Ekow me dijo que, para los empleados de color en el mundo corporativo, «hay muchas más serpientes que escaleras». Buscó brindar información a otras personas de color, empezando por preguntarles a los trabajadores con los que se encontraba: «¿Le recomendarías esta empresa a una persona de color?». La pregunta siempre derivaba en otros temas y arrojaba ciertas enseñanzas clave:

- La gente quiere más resultados en las áreas de diversidad e inclusión, no más de lo que muchos percibían como programas de DEI inefectivos.
- Las empresas deben cerrar la brecha de los dichos a los hechos.
- Las mediciones de factores de DEI deben posicionarse como motivadores y maneras de agregar valor al entorno laboral, como un látigo que sirva para exigir el cumplimiento de normas.

La investigación de Ekow finalmente lo inspiró a lanzar una compañía llamada Inside Voices, «la Glassdoor de la diversidad», un lugar en el que las organizaciones pueden recibir retroalimentación honesta sobre la efectividad de sus iniciativas de DEI. Ekow colaboró con Kanarys, una empresa especializada en navegar entre temas sensibles en el entorno laboral y proporcionar ideas impulsadas por datos para mejorar las culturas organizacionales. Gracias a esta colaboración, Ekow tuvo acceso a mediciones y escalas validadas científicamente que evalúan indicadores clave relacionados con la inclusión, la seguridad, la confianza y experiencias de exclusión. Los conocimientos de Kanarys para formular las preguntas y los referentes correctos le permitió a Ekow reunir datos integrales sobre las prácticas organizacionales, políticas y experiencias de los empleados en empresas de sus clientes.

Las auditorías que Kanarys realizó de prácticas y políticas organizacionales aunadas al análisis de datos del personal y las experiencias de los empleados le permitieron a Ekow una comprensión profunda de qué grupos de empleados están en riesgo de exclusión y cuáles son las brechas de inclusión específicas que experimentan. Este enfoque basado en datos le dio el poder de definir estrategias y planes de acción robustos para mejorar el compromiso, la innovación y la retención de la fuerza laboral de sus clientes.

Al aprovechar la solución de Kanarys, Ekow y su equipo en Inside Voices pueden conectar datos de personal con ideas de los empleados para obtener una visión holística de la experiencia de los empleados en las organizaciones de sus clientes. Con esta comprensión integral, pueden tomar decisiones informadas, provocar un cambio significativo y, a fin de cuentas, mejorar el compromiso, retención y desempeño de los empleados con el tiempo.

Mediante su colaboración con Kanarys, Ekow fue capaz de navegar entre las complejidades de la medición de la DEI con confianza. Al aprovechar ideas basadas en datos y mediciones científicamente validadas, Ekow e Inside Voices empoderan a organizaciones para fomentar culturas más inclusivas e impulsar éxito sostenible en los negocios. En este momento, el sitio web de Inside Voices cuenta con más de 5 000 reseñas de empresas importantes, entre las que se incluyen Google y Deloitte. Ya que continúan colaborando con Kanarys, están preparados para tener un impacto duradero en el panorama de la DEI en el mundo corporativo.

CÓMO LA APERTURA RADICAL PUEDE TRANSFORMAR TU NEGOCIO

En el panorama competitivo de hoy en día, los clientes ansían autenticidad y transparencia. Un reporte de 2023 del Edelman Trust Barometer encontró que 86% de los consumidores del mundo dice que la confianza en un negocio es un factor decisivo en sus decisiones de compra.[8] Construir esa confianza requiere ir más allá de los mensajes de *marketing* cuidadosamente diseñados para fomentar las conexiones genuinas mediante la transparencia. Quizá parezca poco convencional, pero la existencia de Buffer, una empresa de *software* de gestión de redes sociales, es un argumento fuerte a favor de su efectividad. La empresa adoptó la apertura radical y compartió todo, desde sus datos financieros y discusiones internas hasta casi todos sus productos que fracasaron.[9] Los resultados fueron impactantes:

- **La confianza de los clientes aumentó drásticamente:** la transparencia fomentó conexiones genuinas con los clientes. Los usuarios sentían que entendían los valores y la misión de Buffer, lo cual mejoró la tasa de adopción. Los estudios de McKinsey sugieren que las empresas con prácticas sólidas de transparencia experimentan un aumento de 20 a 30% en la satisfacción de sus clientes.
- **La colaboración alzó vuelo:** la comunicación abierta dentro del equipo empoderó a los empleados y alimentó la innovación. Las ideas fluían libremente, lo cual llevó a una cultura empresarial más ágil y eficiente. Un estudio de la *Harvard Business Review* encontró que es más probable que los equipos con alta seguridad psicológica (creada con comunicación abierta) tomen riesgos y logren resultados innovadores.
- **Crecimiento rápido:** en pocos años, Buffer alcanzó la cifra impresionante de un millón de clientes diarios. Podría argumentarse que su disposición a adoptar la apertura tuvo un papel fundamental en atraer y retener una base de clientes fieles.

Lo que indica la investigación

En nuestra investigación, encontramos que las empresas que son abiertas con respecto a la información de sus empleados pueden tener mejores resultados en los negocios. Analizamos datos de 355 empresas de la lista Fortune 500 y encontramos que aquellas que usaban datos de los empleados para tomar decisiones presentaban un aumento en ganancias e ingresos. Sin embargo, ya que no todas las empresas registraban esta información, los datos disponibles fueron insuficientes para establecer un impacto general significativo. También estudiamos cómo reportar diferencias salariales por género y raza afecta el desempeño financiero. Si bien ser honestos sobre la equidad salarial no cambia directamente los resultados financieros, sigue siendo una manera importante en la que las empresas pueden rendir cuentas. Esto significa que a pesar de que la transparencia en los salarios es crucial, necesitamos investigación adicional para determinar cómo esta impacta directamente las ganancias y la rotación de personal de una empresa.

Proceso de cambio: *seis pasos para usar los informes de capital humano como estrategia competitiva*

Prepárate

1. **Identifica oportunidades para centrarte en la voz de los empleados:** empieza poco a poco y fomenta la confianza interna antes de pasar a lo público. Por ejemplo, implementa reuniones de equipo en las que los empleados compartan qué indicadores de los informes les importan más y cuáles consideran que

tienen más impacto en el negocio. Adicionalmente, entrevista a otros actores clave para ver qué cosas les importan, ejemplos de ellos pueden ser inversionistas, clientes y miembros de las comunidades en las que operas. Pensemos otra vez en Ekow y cómo creó Inside Voices porque se desilusionó cuando los valores de su empleador no se pusieron en práctica en su experiencia. Buscar entender el sentir de tus empleados de manera proactiva puede usarse para mejorar el entorno laboral, o puedes adoptar la perspectiva del entorno laboral de suma cero y leer sobre sus experiencias en plataformas como Inside Voices y Glassdoor, cuyas guías de anonimato y privacidad permiten que empleados actuales y pasados evalúen a las empresas de manera anónima.[10] Esto significa que los empleadores quizá no tengan la oportunidad de atender preocupaciones directamente o entablar un diálogo significativo con sus empleados. Esta falta de comunicación directa puede entorpecer la habilidad de los empleadores para entender y mejorar proactivamente su cultura laboral.

Actúa

2. **Prioriza los informes sobre capital humano como estrategia competitiva:** identifica áreas para la transparencia y define un conjunto de indicadores relacionados: no todo tiene que difundirse. Identifica proactivamente qué información hay que reportar, cómo buscarla, quiénes son los actores clave y cómo se medirá. Comparte los objetivos y reportes de avances de la empresa con todos los empleados

primero, para crear una sensación de compromiso y mantener a todos informados. Sé claro con respecto a qué información será confidencial, como asuntos legales en proceso o secretos comerciales. Recordemos el capítulo 1, cuando la gerencia de C.H.I. Overhead Doors reveló a sus empleados que la empresa iba a cambiar de dueños y que les pagarían con acciones. Se le pidió al personal mantener la confidencialidad de la información —y confiaron en ellos— hasta la divulgación pública.

Refina

3. **Trabaja con los empleados para desarrollar nuevos enfoques a los informes de capital humano:** la información que se comparta cambiará con el tiempo según el gobierno o las expectativas públicas, como cuando organizaciones como la Comisión de Bolsa y Valores de los Estados Unidos emitieron la guía de 2021 sobre nuevas divulgaciones de capital humano para las empresas que cotizan en la bolsa.[11] Crea un marco para la forma de comunicar las novedades. Como vimos en el estudio de caso de Intel, ellos, igual que muchas otras corporaciones, usan sus reportes anuales; otras usan redes sociales.

4. **Evalúa los resultados y la adopción de nuevos enfoques:** mientras es posible que cambie el tipo de información que compartas y los canales que utilices para compartirla según la retroalimentación de los empleados y de otros actores relevantes o para cumplir con políticas estatales y federales, asegura la continuidad en el proceso de evaluación. Establece

un sistema y cronograma de reporte y evaluación para asegurarte de que la información sobre el personal de la empresa (como el desarrollo profesional, la capacitación y la satisfacción laboral) sea precisa y se reporte correctamente. Mide el impacto de la apertura en el compromiso de los empleados, la confianza del cliente y el desempeño en general. Encuesta a los empleados para medir qué tan cómodo se siente tu equipo con la comunicación abierta y cuál es el impacto percibido en su trabajo. Monitorea el sentir de los clientes.

5. **Ajusta los nuevos enfoques según sea necesario:** refina tu enfoque con base en tus hallazgos. Esto puede implicar ajustes a nivel de transparencia, elección de canales de comunicación o de estrategias para fomentar el compromiso de los empleados.

Comunícate y aprende

6. **Comunica los avances en la implementación de los nuevos enfoques, los resultados de los cambios y los aprendizajes de las acciones:** predica con el ejemplo. El compromiso con la transparencia comienza en la cima. Los líderes deben ser modelos activos de la cultura que buscan fomentar. Los directores ejecutivos pueden organizar sesiones regulares de preguntas y respuestas con los empleados o discutir abiertamente los desafíos de la empresa en blogs. Motiva la participación de todos con buzones de sugerencias, sesiones anónimas de preguntas y respuestas o canales de retroalimentación abiertos. Considera herramientas como canales de Slack dedicados a la

comunicación abierta. Comunica los avances y resultados de los cambios y comparte los aprendizajes de las medidas tomadas para mantener a todos informados e interesados.

Al seguir estos pasos, tu organización puede usar efectivamente los informes de capital humano como estrategia competitiva y fomentar así una cultura de apertura y compromiso.

Recuerda que construir una cultura de apertura radical es un viaje, no un destino. Comienza gradualmente, adáptate según sea necesario y ten en mente que el nivel apropiado de apertura quizá varíe según el tamaño de tu empresa, la industria y la cultura existente. Al adoptar la transparencia, puedes liberar el verdadero potencial de tu organización y fomentar una cultura de confianza y colaboración para, a fin de cuentas, tener éxito a largo plazo. ¿Tu empresa está lista para emprender el viaje de la apertura radical? Entonces pasa al capítulo 9, en el que exploramos cómo distribuir el liderazgo mediante estructuras de emprendimiento puede ser un paso hacia una mayor transparencia y confianza, al mismo tiempo que impulsa la innovación y agilidad en tu organización.

CAPÍTULO 9

DISTRIBUIR EL LIDERAZGO: DEJAR QUE CADA EMPLEADO SEA EMPRESARIO

Imagina a dos empleados que trabajan lado a lado. Uno decide trabajar como si rentara un departamento: termina las tareas que indica su contrato (descripción del puesto) y continúa haciendo solo lo necesario para no perder su depósito inicial. El otro empleado trabaja como si fuera dueño de la propiedad: tiene iniciativa, invierte en mejoras y le importa el buen estado general del edificio (la empresa). ¿A cuál te gustaría tener en tu equipo?

En este capítulo, observaremos las diferentes maneras en que los empleados pueden verse incentivados a tener interés, quedarse y dar un esfuerzo extra. Mostraremos cómo el fomentar un sentido de responsabilidad y emprendimiento puede transformar a los empleados en partes interesadas y comprometidas. El modelo tradicional de experiencia separada impide la innovación y limita la resolución de problemas, tal como se ha documentado en estudios de colaboración interdisciplinaria.[1] Para prosperar en el ambiente dinámico de hoy en día, las empresas necesitan un liderazgo distribuido: es decir, repartido entre equipos adaptables e interdisciplinarios con una comprensión holística de los objetivos de la organización. Con el liderazgo distribuido, los empleados se sienten empoderados para pensar y actuar como propietarios del negocio, en vez de como meros arrendatarios (como en la metáfora) o máquinas de trabajo remplazables. Las estrategias de propiedad de los trabajadores y estructuras de emprendimiento empoderan a los individuos para desarrollar conjuntos de habilidades diversas y responsabilizarse del impacto de su trabajo en el panorama más general.

¿A qué me refiero con *estructuras de emprendimiento*? Hablo de las políticas, los procesos y el financiamiento que le permiten a cualquier empleado con una idea prometedora para un nuevo negocio o nuevas eficiencias seguir esa idea. De manera más específica, las estructuras de emprendimiento comprenden:

- tiempo y espacio para que los empleados trabajen en sus ideas, en vez de solo sus funciones asignadas;
- financiamiento y recursos dedicados para experimentar y desarrollar nuevas iniciativas;
- apoyo de *coaching* y mentoría para ayudar a los empleados a llevar a buen término sus ideas; y
- una *licencia social* cultural que permita y motive a los empleados a asumir el liderazgo con una mentalidad de compromiso, sin miedo a recibir una penalización.

Estructuras como estas son la forma en que puedes implementar una estrategia de atribución de los empleados, la pieza crucial de un entorno laboral ganar-ganar, en el que el éxito de los empleados y la empresa se refuerzan mutuamente.

¿POR QUÉ EL LIDERAZGO DISTRIBUIDO GANA LA CARRERA DE LA INNOVACIÓN?

El liderazgo distribuido prospera en estructuras de emprendimiento. En el entorno laboral ganar-ganar, definimos el liderazgo distribuido como un estilo de liderazgo que empodera a los individuos de toda la organización a hacerse responsables, tomar decisiones y sentirse comprometidos con el éxito de la empresa. Va más allá de simplemente completar las tareas asignadas. Motiva a la gente a identificar y resolver problemas que van más allá de sus puestos específicos. Un estudio de Oxford de 2015 encontró que las empresas con un liderazgo distribuido, en las que los empleados contribuyen con ideas, colaboran e innovan, son más exitosas, sostenibles y ágiles.[2] Este estilo de liderazgo enfatiza el construir relaciones, entender el ambiente, alinearse con la misión y crear nuevos procesos. La investigación de Oxford sugiere un cambio gradual a un liderazgo distribuido que se logra al empoderar a empleados, fomentar la comunicación y proporcionar oportunidades de aprendizaje. Los altos líderes guían esta transición.[3] Sin embargo, construir dichas *mentalidades de emprendimiento distribuido* presenta sus propios retos. Contratar priorizando esas cualidades requiere buscar a individuos con iniciativa y un espíritu proactivo. Evaluar y desarrollar estas capacidades necesita de nuevos enfoques, que vayan más allá de los indicadores tradicionales para evaluar la habilidad de un empleado para pensar estratégicamente y contribuir más allá de sus responsabilidades inmediatas.[4]

En el camino del entorno laboral ganar-ganar en el que hemos avanzado juntos, hemos tenido que pasar primero por una fase de reconocer las voces de los empleados como datos críticos para la salud de la organización y agentes críticos de cambio. Los capítulos 2 a 8 nos permitieron imaginar estructuras de trabajo centradas en lo humano. Las estructuras jerárquicas suelen reflejar una tendencia humana a la estratificación social. La estratificación lleva a la alienación y a una disminución de la participación significativa, lo cual resulta inevitablemente en un lugar de trabajo de suma cero. A la inversa, el entorno laboral ganar-ganar es más que solo construir de manera interna. Los ascensos internos no tienen ningún significado en una estructura que no hace más que amplificar las voces de aquellos en la cima.

Para asegurar que se centren las voces de los empleados, es necesario examinar y cambiar las estructuras organizacionales para dar cabida a sus voces. Desmantelar las jerarquías y remplazarlas con estructuras que puedan conectar a todos los empleados también puede llevar a fomentar más el talento, y a un sentido más fuerte de camaradería para fortalecer el crecimiento de los empleados. Esta es la última estrategia y la más difícil de implementar. Requiere que en verdad se le dedique tiempo a entender las deficiencias en el flujo de trabajo y las necesidades de la fuerza laboral, que se empodere a los empleados y a los líderes como actores relevantes, y es la que tendrá un efecto más notable en el potencial de ingresos de la organización para, con ello, empoderar a los accionistas como actores relevantes. Más aún, esta estrategia se trata de cambiar *quién* es un actor relevante en el resultado de la empresa, y de empoderar a empleados, líderes y accionistas simultáneamente.

EL LIDERAZGO DISTRIBUIDO OFRECE ORGANIZACIONES MÁS ÁGILES

En 2021, una investigación del Instituto de Tecnología de Massachussets (MIT) sobre organizaciones ágiles —descritas como adaptables, innovadoras y responsivas a cambios en sus entornos— demostró que sus tres estilos de liderazgo colaboran para crear una cultura de innovación y respuesta rápida.[5] Los líderes emprendedores en los niveles más bajos identifican nuevas ideas y oportunidades. Los líderes facilitadores en los niveles medios apoyan estos esfuerzos eliminando obstáculos y conectándolos con recursos. Los líderes de arquitectura en los niveles altos establecen la dirección general, el propósito y los valores que guían a todos. Esta combinación le permite a la organización adaptarse rápidamente a circunstancias cambiantes y aprovechar nuevas oportunidades.

La investigación sobre el liderazgo ágil destaca las maneras en que puede ser efectivo para promover la innovación y la agilidad dentro de las organizaciones:

- **Innovación mejorada:** los estudios no han medido directamente la efectividad de los tres estilos de liderazgo de manera aislada, pero el enfoque combinado parece motivar una cultura de experimentación y generación de ideas. Los líderes emprendedores identifican nuevas oportunidades, al mismo tiempo que los líderes facilitadores apoyan sus esfuerzos y los líderes de arquitectura aseguran que estos esfuerzos se alineen con la estrategia general.[6]
- **Toma de decisiones más rápida:** las organizaciones ágiles empoderan a los empleados de diversos nive-

les para tomar decisiones, gracias a la reducción de procesos de aprobación prolongados. Esto permite respuestas más rápidas a las condiciones cambiantes del mercado o a las necesidades de los clientes.[7]

- **Mayor compromiso de los empleados:** el enfoque en empoderar y fomentar una cultura de responsabilidad puede llevar a un mayor compromiso y motivación. Los empleados se sienten valorados por sus contribuciones y tienen la autonomía para marcar la diferencia.

Si alguna vez has visitado el sitio web de Google y te has maravillado por la entretenida variación diaria del logo de Google, o has usado Google Maps o has revisado Google Street View para encontrar la entrada al estacionamiento que reservaste en línea, ¡felicidades! Ya conoces los frutos del liderazgo distribuido y las estructuras de emprendimiento. Google Doodles, Street View y Maps son innovaciones exitosas de los empleados de Google que tuvieron una buena idea y se les motivó para salirse de sus funciones usuales y desarrollarla. Tal como describió Lazlo Bock, el ex vicepresidente ejecutivo de Operaciones de Personal, en su libro de 2015 *La nueva fórmula del trabajo,* Google creó un ambiente que empodera a los empleados a desarrollar nuevas ideas de negocios y productos, en vez de concentrarse solo en sus puestos asignados.

Este ambiente ha resultado rentable para Google y sus trabajadores. Lo que ha resultado efectivo es reimaginar la noción prevalente de quién es dueño de una parte de los resultados de la empresa. Lo que ha resultado efectivo en los entornos laborales ganar-ganar es permitir que los empleados sientan que son parte de algo más grande, algo que trabaja *para* ellos mientras trabajan *por* ello. Lo que ha resultado efectivo redefine lo que significa ser exitoso, al intercambiar las ganancias en el corto plazo por la evolución en el largo plazo.

Con este ánimo, quisiera compartir otros dos ejemplos exhaustivos de cómo se ve el que una empresa distribuya el liderazgo mediante estructuras de emprendimiento y coseche los beneficios: no solo el retorno de la inversión sino también el retorno del impacto en los empleados y su habilidad para trabajar en sus ideas, en vez de solo en sus funciones asignadas en la empresa, mediante la autogestión, lo cual vuelve la estructura organizacional más horizontal y crea vías para el compromiso.

Estudio de caso

Morning Star: redefinir el liderazgo organizacional mediante la autogestión

Morning Star, fundada por Chris Rufer, ha revolucionado las estructuras organizacionales tradicionales con su estrategia de autogestión basada en principios básicos de liderazgo distribuido: empoderar a los empleados para asumir responsabilidad en sus funciones y decisiones. Con ingresos anuales que rondan los mil millones de dólares, Morning Star cuenta con una fuerza laboral de 600 empleados permanentes, complementada por 4000 trabajadores temporales durante las temporadas altas de cosecha. A pesar de su talla, el éxito de Morning Star desafía las creencias convencionales sobre la escalabilidad de las estrategias de autogestión. En esta empresa, los líderes incluyen activamente a los empleados en los procesos de toma de decisión, para fomentar una cultura de colaboración e innovación. Como resultado, la empresa ha conseguido mejoras en productividad, eficiencia y satisfacción general de los trabajadores.

Varias condiciones clave contribuyen al modelo exitoso de autogestión de Morning Star. Para empezar, la empresa opera con base en los principios de interacciones voluntarias y honrar los compromisos, aspectos esenciales para fomentar la confianza y responsabilidad entre los colegas. Adicionalmente, un marco colectivo de declaraciones de principios asegura que los objetivos individuales se alineen con la misión general de la empresa, lo cual promueve la claridad y el propósito.

Algo central para la estructura de autogestión de Morning Star es la Carta de Comprensión de Colegas, la cual expone misiones y compromisos personales entre colegas. Este documento sirve como piedra angular de la rendición de cuentas y seguimiento del desempeño, lo cual les permite a los colegas rendirse cuentas mutuamente en cuanto a tareas acordadas.

El proceso de resolución de conflictos de Morning Star destaca su compromiso con la autonomía y colaboración de los empleados. Al empoderar a actuar de esta manera e involucrar a terceros solo cuando es necesario, la empresa promueve una cultura de responsabilidad y resolución de problemas.

Entre los beneficios financieros del enfoque de autogestión de Morning Star se incluyen una mayor productividad, más eficiencia, más satisfacción y retención de los empleados, innovación, adaptabilidad y ahorros en costos. Estos beneficios contribuyen a la sostenibilidad a largo plazo de la empresa y a una ventaja competitiva en el mercado, lo cual en esencia funge como el estudio de caso ideal para la efectividad del proceso de cambio ganar-ganar. Además de los beneficios para que los empleados prosperen, hay fuertes argumentos de la viabilidad económica de esta estructura:

- **Mayor productividad y eficiencia:** el enfoque de autogestión de Morning Star provoca una mayor productividad y una mejor eficiencia, pues los empleados se hacen responsables de su trabajo y colaboran efectivamente.
- **Más satisfacción y retención de empleados:** empoderar a los empleados mediante la autogestión fomenta una sensación de compromiso y autonomía, lo cual lleva a una mayor satisfacción laboral y a tasas más bajas de rotación de personal.
- **Innovación y adaptabilidad:** al involucrar a los empleados en la toma de decisiones y fomentar una cultura de colaboración, Morning Star promueve la innovación y la adaptabilidad, lo cual le permite a la empresa responder con prontitud a los cambios y desafíos del mercado.
- **Ahorros en costos y sostenibilidad financiera:** las eficiencias logradas con la autogestión contribuyen a ahorros en costos y una sostenibilidad financiera a largo plazo, lo cual mejora la posición competitiva de Morning Star en el mercado.

El enfoque de autogestión de Morning Star ofrece lecciones valiosas sobre el futuro del liderazgo organizacional. Al dar prioridad a la autonomía, colaboración y confianza de los empleados, la empresa ha redefinido los paradigmas tradicionales de gestión, lo cual allana el camino hacia un futuro más ágil, innovador y sostenible. A partir de este modelo, podemos derivar las siguientes recomendaciones para otras empresas:

1. Mantener comunicación y coordinación efectivas en un entorno autogestionado puede presentar retos. Por ello, Morning Star refina continuamente los procesos de comunicación para asegurar la alineación y colaboración entre equipos.
2. Equipar a los empleados con las habilidades y la mentalidad necesarias para la autogestión requiere capacitación e iniciativas de desarrollo constantes.
3. Invertir en programas de desarrollo de liderazgo apoya a los gerentes a promover una cultura autogestionada.
4. Implementar iniciativas de capacitación y desarrollo para equipar a los empleados con las habilidades y la mentalidad requeridas para la autogestión.

La historia de Kerry: *vías para volverse un empleado propietario*

Kerry Siggins me dijo que ella buscaba ser miembro del mejor equipo cuando la entrevisté en 2023.[8] Se mudó de Colorado a Texas después de la universidad sin planes de mirar atrás. Cuando llegó el momento de entrar a la fuerza laboral, Kerry se moldeó según la visión de lo que la gente quería contratar: era inteligente, ambiciosa y estaba desesperada por demostrar su valor. Pero a pesar de su ética laboral dedicada y determinación, Kerry enfrentó varios retos en entornos laborales tóxicos de suma cero, caracterizados por una competencia despiadada y mínimo apoyo. Pronto se dio cuenta de que su éxito dependía no solo de su propia aptitud y dedicación, sino de proyectar la imagen correcta y entrar en el molde de la cultura empresarial de «mucho trabajo, mucha fiesta».

A los empleados se les alentaba a socializar con los clientes para cerrar tratos y se les daban cuentas de gastos generosas para pagar por dicha socialización. Una cultura de *cero excusas* exigía que los empleados cumplieran las metas de ingresos a toda costa; el fracaso implicaba un posible despido. Más allá del ambiente despiadado, había otro gran obstáculo para el éxito de la mayoría de los trabajadores: una falta obscena de capacitación. Sin capacitación ni guía, Kerry se sentía a la deriva e insatisfecha. «Ni siquiera sabía qué estaba haciendo. Y, desde una perspectiva de la cultura, todo el mundo estaba en la oficina haciendo su trabajo y no había ninguna camaradería ni trabajo en equipo», me dijo Kerry. Tenía dificultades personales con *burnout* y abuso de drogas. A pesar de haber tenido éxito en algunas de sus funciones, la desconexión de Kerry de su trabajo finalmente culminó en una espiral de perdición y una sobredosis que amenazó su vida.

Atrapada en un ciclo que la predisponía a no alcanzar la satisfacción personal y laboral, Kerry sabía que necesitaba un cambio. Sin saber bien qué dirección seguir, pero segura de que quería obtener más con su trabajo —más de su *vida*—, regresó a su lugar de origen en Colorado para volver a empezar. Luego sucedió algo inesperado. Kerry vio una vacante para el puesto de gerente general en StoneAge, una empresa local de propiedad privada de la industria de lavado a presión. Lo pensó un momento. No tenía experiencia en esa área y nunca había intentado postularse para un puesto como ese. Pero la idea de trabajar para un negocio pequeño cerca de su hogar le pareció atractiva, pues le recordaba sus días como una ambiciosa adolescente de 12 años en la bodega de la tienda de artículos deportivos de su abuelo.

Los cofundadores John Wolgamott y Jerry Zink lanzaron StoneAge en 1979 después de desarrollar en su cochera una boquilla de lavado a presión que rota automáticamente. La pasión de los fundadores por la investigación y el desarrollo nutrió una cultura de innovación de producto y emprendimiento, en la que el compromiso con el diseño de nuevo equipo mejoró la tecnología del lavado a presión. Desde los primeros minutos de su entrevista con Kerry, John y Jerry vieron su potencial. No era una candidata tradicional, y eso les gustaba. Más que su formación, su energía, autenticidad y curiosidad fueron lo que les llamó la atención —porque, para John y Jerry, su gente era la parte más importante del negocio—.

Le contaron sobre el interés que tenían en sus empleados: la promesa de que cuando la empresa se beneficia, los trabajadores se benefician. Los dos explicaron que a la innovación en el lavado a presión se aunaba la perspectiva innovadora de valorar a sus empleados. El trabajo de Kerry incluía una participación en la compañía: un descuento de 25% en el precio de las acciones y un dividendo temprano para quienes participaran para ayudarlos a cubrir la carga fiscal.

La cultura de emprendimiento de StoneAge y la mentalidad comprometida de los empleados «era todo lo que yo estaba buscando», recordó Kerry. «Tomaron un gran riesgo al elegirme, pero yo quería aprovechar todas esas experiencias [en Texas] para encontrar la manera de ser una líder que brindara apoyo y una sensación de pertenencia a las personas, pero también autonomía para hacer su trabajo». Centrarse en las voces de los empleados fue algo natural. «Eso fue muy fácil, porque no tenía idea de lo que hacía, así que tenía que preguntar todo. El secreto de mi éxito fue esos primeros años en los que simplemente le preguntaba a la gente: "¿Qué crees tú que debamos hacer?"».

Hoy, Kerry es directora ejecutiva. En 2007, el año en que empezó a trabajar con StoneAge, la empresa ganó ocho millones de dólares en ventas. Hoy en día, sus ventas exceden los 75 millones de dólares anuales. La misma Kerry también es multimillonaria, junto con 66% de los empleados de la empresa que están en el programa de propiedad de acciones. El interés de StoneAge en sus empleados se manifiesta en su éxito económico. Ellos son una de las empresas de un grupo reducido pero en rápida expansión que crea un crecimiento impresionante y duradero, en parte gracias a un Plan de Propiedad de Acciones para Empleados. Los resultados de StoneAge muestran que volver a los trabajadores dueños de acciones les permite tomar decisiones que beneficien a la empresa, pues, finalmente, todos *participan del* éxito. Al replantear a los empleados como socios, las organizaciones obtienen personas que trabajan más duro, se quedan más tiempo y participan activamente en su organización. El *burnout* disminuye; la productividad aumenta. Resulta que la felicidad es un prerrequisito para el éxito, no un derivado de este, y esta secuencia también es cierta cuando la medida del éxito es una mayor ganancia.

ENCONTRAR UN SIGNIFICADO Y UNA RAZÓN DE SER EN EL TRABAJO

La historia de Kerry —su falta de objetivos, la alienación de su trabajo y su entorno laboral, y la abyecta infelicidad que alimenta el desempeño subóptimo— es familiar para muchos trabajadores. En 2020, en plena pandemia de covid-19, muchos se vieron forzados a reconsiderar su relación con el trabajo, tras lo cual buscaron un propósito más importante y una alineación con su empleo. Antes de la pandemia, un estudio de Deloitte encontró que casi 70% de los profesionales sentía que sus empleadores no hacían lo suficiente para evitar o mitigar el *burnout*.[9] En una investigación de 2024 de la Society of Human Resources, 44% de los empleados reportó sentirse agotado por el trabajo.[10] El reporte encontró que el *burnout* impacta significativamente a los negocios, pues las personas afectadas son tres veces más propensas a empezar a buscar otro trabajo. A pesar de todo, fomentar un fuerte sentido de pertenencia puede ayudar; los trabajadores con un sentido así son 2.5 veces menos propensos a sufrir de *burnout*. Esto subraya la importancia de una cultura laboral que promueva el bienestar y la retención de los empleados.

Como resultado, las expectativas de la gente con respecto a sus empleadores ahora son más altas. Los días de los miembros de la generación del *baby boom* que se jactaban de que «antes caminaban kilómetros en la nieve para llegar a la escuela» están quedando atrás, ya que los miembros de la generación X ocupan puestos laborales altos al mismo tiempo que cuidan tanto a sus hijos como a sus padres. Los *millennials* se ven frenados por su falta de movilidad económica a medida que la economía sigue desmoronándose a su alrededor. ¿Y la generación Z? A ellos no les importa lo que tú pienses. Ellos solo quieren buscar su felicidad. Este panorama en evolución ha llevado a algunas de estas generaciones más jóvenes a interesarse por recursos como *Cómo no hacer nada, The Good Enough Job* [El trabajo suficientemente bueno] y *Cuatro mil semanas* para buscar una guía de cómo vivir vidas que no se traten únicamente del trabajo.[11] La popularidad de este tipo de libros ha visto un auge, lo cual refleja un deseo más amplio por un enfoque más equilibrado en la vida. Es un llamado a pasar de la mentalidad de empleado a la mentalidad de compromiso. Es esencial que los gerentes reconozcan que su plantilla de talento lleva a cabo una profunda reevaluación del trabajo en este momento. Ahora es cuando hay que incluirlos en un nuevo enfoque para mantener la competitividad futura.

Para asegurar que se centren las voces de los empleados, las estructuras organizacionales deben examinarse y cambiarse para dar cabida a ellas. Desmantelar las jerarquías y remplazarlas con estructuras que puedan conectar a todos los empleados también puede llevar a fomentar aún más el talento y a propiciar un sentido de camaradería más fuerte para fortalecer el crecimiento de los trabajadores. Para entender la solución, debemos concentrarnos en el proceso de cambio a continuación.

Lo que indica la investigación

En mi investigación, exploramos el liderazgo distribuido mediante estructuras de emprendimiento y sus efectos en el entorno laboral analizando datos de 355 empresas de la lista Fortune 500. Nuestros hallazgos indican que estas estructuras influyen de manera significativa tanto en la dinámica del entorno laboral como en el desempeño general, pues 37% de las empresas demuestra un fuerte crecimiento en sus ingresos y 40% demuestra un desempeño fuerte en sus activos.

También examinamos los efectos de fomentar el desarrollo de liderazgo interno e invertir en él, al duplicar las donaciones caritativas de los empleados y ofrecer un Plan de Propiedad de Acciones para Empleados con base en el desempeño de la empresa. En los Estados Unidos, la propiedad de los empleados es un aspecto que beneficia tanto a empresas como a trabajadores. Nuestra investigación mostró que las empresas de la lista Fortune 500 que tienen estas prácticas tienden a conseguir resultados financieros robustos y positivos, entre los que se incluyen mayores ingresos, valuación, activos y rentabilidad. Estos resultados destacan los beneficios de las estructuras corporativas inclusivas y solidarias, que aprovechan el capital financiero como catalizador de cambio y aumentan el sentido de responsabilidad de los empleados por los resultados de la empresa. A nivel nacional, hay 6 533 Planes de Propiedad de Acciones para Empleados en los Estados Unidos, con activos que ascienden a más de 2.1 billones de dólares. El número de empresas únicas con un Plan de Propiedad de Acciones para Empleados es de aproximadamente 6 322 (5 866 empresas privadas y 456 empresas que cotizan en la bolsa), con 14.7 millones de participantes en empresas de todos tamaños.[12] Los estudios muestran una correlación pequeña pero positiva entre la propiedad de los empleados y el desempeño de la empresa, la cual implica una mayor productividad, crecimiento en ventas y rentabilidad.[13] También hay evidencia de que las empresas con más participación de empleados ven un impulso más fuerte en su desempeño. Esto quizá se deba a una fuerza laboral más interesada y comprometida.[14]

Para los empleados, la propiedad se traduce en una mayor seguridad financiera. Los empleados que son propietarios tienden a tener salarios más altos, más ahorros para el retiro y más antigüedad laboral en comparación con sus colegas que no tienen acciones.[15] Adicionalmente, reportan sentirse más seguros en sus trabajos y más satisfechos con su compensación y prestaciones.[16] También es más probable que los negocios que son propiedad de los empleados inviertan en capacitación y desarrollo para ellos.[17] En conjunto, la propiedad de los empleados en los Estados Unidos parece ser una situación ganar-ganar, pues lleva a un entorno de negocios más sólido y estable al mismo tiempo que mejora su bienestar y satisfacción laboral.

La investigación en el Reino Unido muestra que las empresas que son propiedad de los empleados (EOB, por sus siglas en inglés) suelen ser más rentables y beneficiar más a sus empleados, comunidades y medio ambiente en comparación con aquellas que no lo son.[18] Con una muestra en la que se incluía más de 9% de las más de 3 650 EOB del Reino Unido, los investigadores encontraron que estos negocios eran de 8 a 12% más productivos por empleado que las no EOB. Este impulso a la productividad implica varios beneficios:

- Bonos y dividendos más altos para los trabajadores.
- Menos despidos en los últimos tres años.
- Sueldos mínimos más altos por aproximadamente 2 900 libras al año. En comparación con las no EOB, es dos veces más probable que las EOB tengan acreditaciones relacionadas con salarios justos y es más probable que apoyen el acceso a atención médica y recursos de salud mental y que inviertan en la capacitación de los empleados, lo cual resulta en motivación y satisfacción laboral.

La Employee Ownership Association (Asociación de Propiedad de los Empleados), que patrocinó la investigación, concluyó que al invertir más en sus empleados, esos negocios motivan un crecimiento que permite una economía más fuerte y justa, comunidades más resilientes y un planeta más sano.

Proceso de cambio: *seis pasos para implementar el liderazgo distribuido mediante estructuras de emprendimiento*

Prepárate

1. **Identifica oportunidades para centrarte en la voz de los empleados:** lleva a cabo encuestas, grupos focales y sesiones de retroalimentación para reunir comentarios de los trabajadores sobre los procesos de toma de decisiones y áreas en las que sus voces pueden amplificarse. Por ejemplo, implementa un sistema de buzones de sugerencias, tanto físicos como digitales, en los que los empleados puedan proponer ideas y retroalimentación de manera anónima si lo desean. Kerry Siggins me compartió su manera de centrarse en las voces los empleados en StoneAge, para buscar activamente sus opiniones e ideas sobre cómo resolver problemas y mejorar la empresa.[19] Ella empodera a los empleados dándoles la autonomía para hacer su trabajo e implementar sus ideas, mientras funge como catalizadora para llevar a buen puerto dichas ideas. Kerry fomenta una cultura de curiosidad al hacer muchas preguntas para aprender de los trabajadores y crea un ambiente en el que se sienten apoyados y al que sienten que pertenecen.

Actúa

2. **Prioriza establecer un liderazgo distribuido mediante estructuras de emprendimiento:** establece programas piloto que les permitan a los equipos autogestionarse y tomar decisiones clave de modo in-

dependiente. Esto nos recuerda la estrategia de autogestión de Morning Star, basada en principios de liderazgo distribuido.

- **Crea equipos interdisciplinarios:** bríndales la autonomía para encargarse de proyectos o iniciativas específicas, junto con los recursos y apoyo necesarios.
- **Define claramente los objetivos y expectativas:** brinda a los equipos la libertad de determinar su enfoque para lograr esos objetivos.
- **Empodera a los equipos reestructurándolos:** permíteles autogestionarse más al dar a los miembros del equipo la autonomía de tomar decisiones, resolver problemas y rendirse cuentas mutuamente.
- **Invierte en programas de capacitación y desarrollo:** dota a los empleados de las habilidades necesarias para prosperar en un ambiente de autogestión.

Refina

3. **Trabaja con los empleados para desarrollar nuevos enfoques al liderazgo distribuido mediante estructuras de emprendimiento:** para empoderar al liderazgo distribuido, las empresas pueden crear estrategias en conjunto con los trabajadores mediante talleres y sesiones de lluvias de ideas, para asegurar que se escuchen las perspectivas diversas (p. ej., diseña talleres de pensamiento creativo). Adicionalmente, revisar y potencialmente reducir las capas de gestión puede crear una estructura de liderazgo más

accesible. Motivar la interacción de los superiores con empleados de primera línea y una comunicación clara a lo largo de la transición son consideraciones cruciales.

- **Evalúa resultados y la adopción de nuevos enfoques:** mide la efectividad de las nuevas estructuras de liderazgo al dar seguimiento a indicadores clave de desempeño (KPI, por sus siglas en inglés) como el compromiso de los empleados, la productividad y la innovación. Usa encuestas a trabajadores, medición de desempeño y circuitos de retroalimentación para evaluar el impacto del liderazgo distribuido en el desempeño y la satisfacción de los equipos. Revisa con regularidad los datos recopilados y ajusta las estrategias con base en los conocimientos adquiridos.
- **Ajusta los nuevos enfoques según sea necesario:** refina y mejora continuamente el modelo de liderazgo distribuido con base en los resultados de la retroalimentación y el desempeño. Implementa un proceso trimestral de revisión en el que los equipos puedan proporcionar retroalimentación sobre la estructura de liderazgo y sugerir mejoras. Ten apertura a cambios y variaciones en el modelo de liderazgo para que se adapte mejor a las necesidades de la organización y sus empleados.

Comunícate y aprende

4. **Comunica el progreso en la implementación de los nuevos enfoques:** brinda actualizaciones regulares

a la organización sobre el progreso y los resultados de las iniciativas de liderazgo distribuido. Usa boletines de novedades internos, asambleas y correos electrónicos a toda la empresa para compartir los éxitos, los desafíos y las lecciones aprendidas. Kerry compartió que peca de un exceso de transparencia en todas las áreas del negocio y advierte que esto construye confianza.

Al aplicar de manera sistemática este proceso de cambio, las organizaciones pueden implementar efectivamente un liderazgo distribuido y estructuras de emprendimiento, para fomentar una cultura de apertura, innovación y responsabilidad compartida.

La pirámide tradicional del liderazgo se está desmoronando. Las estructuras jerárquicas alguna vez consideradas el fundamento del éxito organizacional están cediendo el paso a un enfoque más colaborativo y empoderador: el liderazgo distribuido dentro del entorno laboral ganar-ganar. Este cambio no se trata simplemente de hacer sentir bien a los empleados; es una decisión estratégica con un impacto demostrablemente positivo en la rentabilidad. Las organizaciones más horizontales, en las que los trabajadores se sienten como actores relevantes valorados y no solo engranajes en una máquina, fomentan una cultura de innovación e impulsan a las empresas a avanzar en un mercado que cambia con rapidez.

El camino hacia un futuro próspero consiste en desmantelar los muros jerárquicos del entorno laboral de suma cero, al empoderar a los empleados de los niveles más bajos y repartir los frutos del éxito en los negocios. Al adoptar el liderazgo distribuido, las empresas pueden liberar una fuente de creatividad, mejorar la toma de decisiones y cultivar una fuerza laboral tan comprometida como adaptable. Los recursos proporcionados aquí sirven como una hoja de ruta para aquellos que busquen aventurarse en este viaje de transformación. Recuerda, el futuro les pertenece a las organizaciones que se atreven a desafiar el *statu quo* y empoderar a su mayor recurso: su gente.

CAPÍTULO 10

CÓMO MEDIR EL IMPACTO Y EL ROI EN EL ENTORNO LABORAL GANAR-GANAR

Vivimos en un mundo motivado por resultados, y ser capaces de demostrar el impacto y retorno de la inversión (ROI, por sus siglas en inglés) del entorno laboral ganar-ganar es crucial. Esto es cierto para los negocios que buscan ganancias, las organizaciones sin fines de lucro que buscan el bien social y todo lo intermedio. Pero ¿cómo medimos el éxito sin agobiarnos con los números y perder de vista nuestro propósito central?

El objetivo de este capítulo es guiarte para evaluar la efectividad de las estrategias detalladas en el libro. El capítulo explora estrategias para evaluar efectivamente el impacto y el ROI sin dejar de ser fiel al valor de tratar el capital humano como el recurso más importante de la organización.

ENTENDER EL ROI DEL ENTORNO LABORAL GANAR-GANAR

El ROI es un concepto familiar en los negocios, pero su aplicación va más allá de las ganancias. En el contexto de crear un entorno laboral próspero, el ROI mide el valor generado a partir de inversiones en el bienestar y compromiso de los empleados y en el ambiente laboral general. Este valor puede ser financiero, social u organizacional, ya que todo contribuye a una empresa más exitosa y sostenible. Un entorno laboral ganar-ganar va más allá de tenis de mesa y cápsulas para siestas; fomenta una cultura que impulsa el éxito.

Por lo tanto, el ROI en el entorno laboral abarca tres dimensiones:

- **ROI financiero:** comprende beneficios cuantificables, como mayor productividad, reducción del ausentismo y una mejor retención de empleados. Esto se traduce en ahorros en costos y crecimiento de ingresos.
- **ROI social:** mide el impacto positivo en el bienestar, satisfacción y ánimos de los trabajadores. Una fuerza laboral más feliz fomenta mejor colaboración, innovación y servicio al cliente.
- **ROI organizacional:** se enfoca en la salud general y eficiencia de la organización. Considera factores como una mejor adquisición de talento, una marca más fuerte del empleador y una cultura empresarial más adaptable.

RETORNOS TANGIBLES E INTANGIBLES: UNA PERSPECTIVA EQUILIBRADA

Mientras que el ROI financiero tiene una importancia innegable, el enfoque tradicional de suma cero al ROI del entorno laboral se enfoca *solamente* en la rentabilidad y puede dar un panorama incompleto. Los retornos intangibles, como el bienestar de los empleados y una cultura empresarial fuerte, son lo esencial en un entorno laboral ganar-ganar para el éxito en el largo plazo.

Un entorno laboral ganar-ganar fomenta la lealtad, atrae al mejor talento y alimenta la innovación. Estos elementos intangibles suelen llevar a los beneficios tangibles, como una mayor productividad y crecimiento de ingresos.

Al incorporar los retornos tanto tangibles como intangibles, las organizaciones pueden tomar decisiones informadas con respecto a inversiones en el entorno laboral, creando así un enfoque holístico ante el éxito.

Estudio de caso

El marco del ROI de Blackstone para Trayectorias Profesionales

Una de las figuras clave que defiende esta visión es Marcus Felder, director y jefe de Trayectorias Profesionales en Operaciones de Cartera en Blackstone. Como ponente regular en conferencias de negocios, Marcus comparte las estrategias de Blackstone para mejorar las redes de talento de las empresas en las que invierte. En la Cumbre de Trayectorias Profesionales de Blackstone de 2023, Marcus estuvo en conversación con Elyse Rosenblum, fundadora y socia de gestión de la firma de consultoría de talento Grads of Life, en una charla informal. Ella adoptó una perspectiva inesperada en la conversación con Marcus, insistiendo en cómo mide Blackstone el ROI de los procesos de capital humano y las recomendaciones de Trayectorias Profesionales que implementan las empresas en la cartera de Blackstone. Él me compartió en nuestra entrevista de julio de 2024 que la pregunta lo dejó intrigado.[1] Blackstone se enorgullece de agregar valor a las empresas de su cartera al compartir maneras para mejorar operaciones, y un área de interés constante era el capital humano. Pero ¿cómo podían medir el ROI que obtenían estas empresas en su gente y en el programa de Trayectorias Profesionales?

«Todo comenzó con una idea simple pero profunda», reflexionó Marcus, con un tinte de convicción y humildad en su voz cuando lo entrevisté. «Teníamos empresas maravillosas en nuestra cartera, cada una rebosante de potencial. Pero para liberar ese potencial, queríamos agregar valor con un nuevo enfoque: uno que integrara estrategias de capital humano directamente en los objetivos de negocios de la cartera». En su puesto como líder del programa de Trayectorias Profesionales, Marcus vio una oportunidad para dar una nueva forma a cómo las empresas de la cartera podían medir el impacto de sus inversiones en su recurso más valioso: su gente.

Desarrollar un marco estratégico

Fuera del escenario, Marcus me compartió en una entrevista su experiencia al ver cómo la disponibilidad de trayectorias profesionales para los empleados estaba directamente relacionada con el éxito financiero de una empresa: un vínculo rentable que se perfeccionó gracias a sus años de trabajo centrado en las personas en los sectores de organizaciones sin fines de lucro, la consultoría y el liderazgo corporativo. Todo esto alimentó su visión de construir un marco robusto de ROI específicamente diseñado para el capital humano. «El objetivo era claro: alinear las iniciativas de capital humano con resultados de negocios medibles», explicó, mientras su mirada se iluminaba con la pasión de alguien que ha encontrado su vocación.

Marcus dijo que, en un inicio, sabía que tenía que incluir a actores clave de Blackstone en el proyecto. Su primer orden del día era aliarse con Olivia Hewitt, vicepresidenta del equipo de Trayectorias Profesionales, quien finalmente encabezaría el desarrollo de la herramienta de medición. Después dio un recorrido de escucha para reunir retroalimentación y consejo de los actores relevantes. También habló con la gerencia de empresas de la cartera para entender mejor el valor que pudieran hallar en una herramienta de medición de ROI. Aprovechó el apoyo del equipo más amplio de Talento y Desempeño Organizacional en las operaciones de cartera en Blackstone, como también el de gestores de activos y equipos de negociación. También recurrió a expertos externos de organizaciones, como Grads of Life, la consultoría sin fines de lucro de Elyse Rosenblum que trabaja con empleadores líderes para crear estrategias de talento que privilegien las habilidades.

Pasos clave para la implementación

Cuando el equipo de Trayectorias Profesionales se aventuró a implementar un marco de ROI para las empresas de la cartera de Blackstone, sabían que era esencial tener un enfoque integral y estratégico. Los pasos clave que tomaron se resumen en la siguiente sección.

Proceso de cambio: *medir el impacto y el ROI en el entorno laboral ganar-ganar*

Prepárate

1. **Entiende las metodologías existentes:** el equipo empezó por indagar en la comprensión de las metodologías e ideas existentes de Grads of Life en torno a la contratación basada en habilidades. Este paso inicial les proporcionó una base sólida y una perspec-

tiva clara del panorama de la contratación basada en habilidades y las estrategias de captación.

Actúa

2. **Colaboración y análisis:** Marcus reunió a su equipo interno para analizar los datos e ideas que habían reunido. Alentó a su equipo a pensar ampliamente en prácticas inclusivas, con un énfasis en la importancia de un enfoque basado en habilidades. «Necesitábamos romper con los moldes tradicionales y considerar cómo diferentes perspectivas y habilidades pueden impulsar el éxito en los negocios», reflexionó. Este esfuerzo colaborativo llevó a la identificación de áreas clave en las que las prácticas inclusivas podían integrarse de manera efectiva en sus procesos de capital humano.

3. **Desarrollo de indicadores:** con un marco robusto en mente, Marcus trabajó de cerca con socios internos y externos, entre los que se incluían las cuatro empresas de la cartera que aceptaron hacer una prueba piloto del enfoque de ROI para desarrollar indicadores específicos que pudieran permitirles medir el impacto de sus esfuerzos de inclusión. «Era crucial crear un sistema en el que pudiéramos ver resultados tangibles y correlaciones entre nuestras prácticas inclusivas y los resultados en el negocio», señaló.

Refina

4. **Asegura la adaptabilidad:** Marcus se concentró en asegurar que el marco fuera lo suficientemente versátil para poder aplicarse en diversas industrias, ta-

maños de empresas y regiones. Tenía claro que hacer un mismo modelo para todos no funcionaría. «Necesitábamos un marco que pudiera ajustarse a las necesidades únicas de cada empresa al mismo tiempo que conservara los principios de inclusión y contratación basada en habilidades», explicó.

5. **Realiza programas piloto y refina:** para validar la efectividad del marco, Marcus inició programas piloto con un grupo selecto de empresas. Estas pruebas piloto fueron cruciales para reunir datos y retroalimentación del mundo real. «Poner a prueba nuestras ideas en ambientes de negocios reales nos ayudó a refinar nuestro enfoque para atender cualquier reto que surgiera», dijo. Los resultados de sus pruebas piloto fueron prometedores. «Desarrollamos la herramienta para ayudar a ver los beneficios de la adopción de prácticas inclusivas, tales como mejores tasas de retención e impactos en la movilidad interna», compartió. También destacó que a pesar de que todavía están en una etapa temprana, ya comienzan a observar que el uso de la herramienta ayuda a reducir costos de contratación al mismo tiempo que calcula los de rotación de personal de manera más precisa. Las lecciones aprendidas a partir de estas pruebas piloto fueron invaluables para afinar el marco de medición.

Comunícate y aprende

6. **Mejora continua:** la mejora continua fue un componente clave de la estrategia de Marcus. Él mantuvo un diálogo constante con empresas y socios de la cartera, y usó su retroalimentación para refinar más

el marco. «Fue un proceso dinámico de aprendizaje y adaptación», enfatizó. Con base en sus programas piloto, Marcus, Olivia y sus colegas en Blackstone refinaron las siguientes áreas:

- **Estimados de costos de contratación:** Marcus explicó que se habían dado cuenta de que las empresas necesitaban un enfoque más amplio para calcular el costo de la contratación. En un inicio, dieron por hecho que el costo estaría desglosado por categoría de puesto, pero al final fue un cargo fijo de reclutamiento. El costo de contratación comprende cosas como publicidad y el valor del tiempo de los reclutadores de recursos humanos.
- **Empleados exentos *vs.* no exentos:** para las empresas con fuerzas laborales de primera línea muy amplias era necesario separar el análisis en categorías de empleados asalariados (exentos) y a sueldo (no exentos) para entender mejor la retención y movilidad.
- **Rotación de personal voluntaria *vs.* lamentable:** después de calcular el impacto en el costo inicial por la rotación voluntaria, les pidieron a las empresas que la compararan con rotación lamentable. Si la diferencia era significativa, valía la pena volver a realizar el análisis con un enfoque en la rotación lamentable.

Este enfoque iterativo que se basa en la mejora continua asegura que el marco se mantenga relevante y efectivo en distintos contextos de negocios.

UN IMPACTO DURADERO

Finalmente, el equipo de Trayectorias Profesionales de Blackstone creó un modelo repetible y sostenible que las empresas podían usar para medir y mejorar sus esfuerzos de inclusión. Este modelo proporcionó una hoja de ruta clara que las organizaciones pudieran seguir, lo cual facilita que implementen prácticas inclusivas y se beneficien de ellas. «Nuestro objetivo era crear un impacto duradero al empoderar a las empresas para aprovechar su capital humano en maneras que impulsaran tanto la inclusión como la rentabilidad», concluyó Marcus.

Con estos pasos estratégicos, el equipo de Trayectorias Profesionales no solo implementó un marco de medición del ROI, sino que también estableció un nuevo estándar para cómo las empresas pueden invertir con eficacia en prácticas de capital humano y medirlas apropiadamente como parte de su estrategia general de negocios. Vimos en el capítulo 7 que desarrollar una plantilla extensa de talento ha demostrado mejorar los resultados de los negocios. Mostrar a las empresas cómo medir la inversión en capital humano, tal como propuso el programa de Trayectorias Profesionales de Blackstone, empodera a las empresas de cartera en las áreas siguientes:

- **Atraer y retener al mejor talento:** al concentrarse en el desarrollo de habilidades y en crear prácticas inclusivas de contratación, las empresas pueden atraer a un grupo más extenso de candidatos calificados, lo cual lleva a una fuerza laboral más diversa e innovadora.
- **Impulsar el compromiso de los empleados:** cuando los empleados se sienten valorados y tienen oportu-

nidades para crecer, es más probable que estén comprometidos, sean más productivos y más fieles a la empresa.

- **Mejorar el desempeño de negocios:** los estudios han demostrado que las empresas con fuerzas laborales diversas e inclusivas tienen un mejor desempeño que otras menos diversas. Al medir el impacto de sus inversiones en capital humano, las empresas pueden defender la viabilidad financiera de la inclusión.

El trabajo de Marcus Felder tuvo un efecto expansivo, no solo dentro de las empresas de la cartera de Blackstone sino en todo el mundo empresarial. Su enfoque innovador a la medición de capital humano ayuda a dar argumentos en favor de un entorno laboral ganar-ganar sostenible para todos.

IDENTIFICACIÓN DE INDICADORES CLAVE: CÓMO MEDIR EL PROGRESO EN EL CAMINO HACIA UN ENTORNO LABORAL GANAR-GANAR

Los nueve pilares detallados en este libro en conjunto buscan crear un entorno laboral ganar-ganar en el que los empleados prosperen y, como resultado, los negocios vean un alza en sus operaciones. Pero ¿cómo podemos seguir y medir el impacto de estas iniciativas? Esta sección se concentra en establecer indicadores medibles para cada estrategia, que te permitan determinar su efectividad y ajustar lo que sea necesario.

Primer pilar: centrarse en las voces de los empleados: mide el compromiso de los empleados con encuestas, mediciones de percepción rápidas y participación en mecanismos de retroalimentación. Lo más crítico es medir la tasa de implementación de ideas generadas por el personal y compartir ampliamente los resultados. Aprovecha tecnologías como el aprendizaje automático y la IA generativa para recolectar datos y sintetizar y compartir lo aprendido con más rapidez (ve el estudio de caso de «Líderes Globales de Personas» en el capítulo 5, como ejemplo).

Segundo pilar: cultivar relaciones de trabajo mutualistas: evalúa la colaboración interna, la confianza y la efectividad para la resolución de conflictos mediante *1)* la aplicación de encuestas de compromiso de los empleados, y *2)* el análisis de datos de redes sociales, métodos observacionales, análisis de herramientas de comunicación, participación en programas de reconocimiento de pares y evaluaciones de seguridad psicológica.

Tercer pilar: implementar estrategias de inclusión interseccional: identifica y monitorea los marcadores de identidades y demografías interseccionales a lo largo de la organización y da seguimiento al progreso hacia las metas de inclusión establecidas. Mide las percepciones de los empleados con respecto a la equidad y pertenencia mediante encuestas.

Cuarto pilar: reimaginar las prestaciones laborales: analiza la satisfacción que producen los paquetes de prestaciones y mide las tasas de utilización de diversos programas de bienestar. Da seguimiento a los cambios en porcentajes de prestaciones recién ofrecidas con base en la retroalimentación de los empleados. Finalmente, rastrea las tasas y los motivos de ausentismo para evaluar el impacto de las prestaciones en el bienestar de los trabajadores.

Quinto pilar: activar a líderes de primera línea: da seguimiento a las puntuaciones de compromiso de liderazgo, tasas de término de capacitación, mejoras en la satisfacción de los empleados, cambios en indicadores de desempeño, tasas de retención, retroalimentación de 360 grados y las tasas de éxito de las iniciativas de tus gerentes y la gente a la que dirigen.

Sexto pilar: contratar a STARs en vez de dar prioridad a las credenciales: mide la tasa de éxito de las iniciativas de contratación basadas en habilidades comparadas con los enfoques tradicionales basados en credenciales y el número de beneficiarios. Mide las tasas de ascenso desglosadas por nivel alcanzado.

Séptimo pilar: desarrollar plantillas extensas de talento: da seguimiento a la efectividad de los programas internos de capacitación y desarrollo al medir la adquisición de habilidades y la mejora en el desempeño laboral de los empleados.

Octavo pilar: usar los informes de capital humano como estrategia competitiva: monitorea con regularidad el sentir del personal con respecto a la comunicación del desempeño, metas y retos de la empresa.

Noveno pilar: distribuir el liderazgo mediante estructuras de emprendimiento: da seguimiento a indicadores como el número de iniciativas encabezadas por empleados, el porcentaje de los que participan en procesos de toma de decisiones, mejoras en innovación y resultados de proyectos, satisfacción con la autonomía y las oportunidades de liderazgo y cambios en el desempeño y productividad general de los equipos.

Es crucial asegurar que las mediciones elegidas se vinculen directamente con los objetivos de cada estrategia y al final contribuyan a objetivos organizacionales más generales. Por ejemplo, dar seguimiento a la participación de los empleados en buzones de sugerencias (tal como se planteó en el capítulo 1) mide la efectividad de los esfuerzos para centrarse en las voces de los empleados, lo cual finalmente contribuye a una fuerza laboral más innovadora y comprometida.

ANÁLISIS DE INDICADORES GANAR-GANAR COMUNES

Mientras que los indicadores específicos pueden variar según tus estrategias y metas únicas, las siguientes mediciones comunes pueden aplicarse a lo largo de diferentes iniciativas:

- **Compromiso de los empleados:** encuestas y grupos focales que miden la motivación, satisfacción y el compromiso de los empleados con la organización.
- **Productividad:** mediciones de rendimiento por empleado o equipo, que toman en cuenta factores como calidad y eficiencia.
- **Tasas de retención:** porcentaje de empleados que se quedan en una empresa durante un periodo específico.
- **Ahorros en costos:** beneficios financieros cuantificables que resultan de implementar nuevas estrategias

en el trabajo, tales como reducción en costos de rotación de personal.
- **Satisfacción del cliente:** mediciones que dan seguimiento a la experiencia y satisfacción del cliente, que suelen estar vinculadas con el compromiso de los empleados y la calidad del servicio.

Al establecer indicadores medibles y alinearlos con tus metas, puedes dar un seguimiento efectivo al progreso y tomar decisiones motivadas por datos para crear un entorno laboral próspero que beneficie tanto a tus empleados como a tu organización.

Proceso de cambio: *seis pasos para crear un enfoque ROI para tu entorno laboral ganar-ganar*

Prepárate

1. **Selecciona tu estrategia y objetivos**
   - **Define claramente el porqué del pilar del entorno laboral ganar-ganar que seleccionaste:** ¿Qué tratas de lograr con esta estrategia? ¿Se trata de incrementar las ventas, mejorar la satisfacción del cliente o de algo más?

2. **Identifica costos e inversiones**
   - **Haz una lista de todos los costos asociados con la estrategia:** esto comprende costos no recurrentes (p. ej., licencias de *software*) y costos recurrentes (p. ej., el tiempo de los empleados, el gasto en *marketing*). Puedes encontrar ejemplos de costos asociados en el sitio web thewinwinworkplace.com.

- **Excluye costos irrecuperables:** se trata de gastos pasados que no pueden recuperarse y no deberían incluirse en los cálculos del ROI.

Actúa

3. **Define resultados medibles**
   - **Identifica indicadores clave de desempeño (KPI):** elige indicadores medibles que se alineen directamente con tus objetivos. Esto ayudará a dar seguimiento al progreso y evaluar el éxito. Por ejemplo, si tu objetivo es mejorar las ventas, un KPI relevante podría ser el «crecimiento de ingreso mensual». Hay ejemplos adicionales en el sitio web thewinwinworkplace.com.
   - **Establece medidas de base:** establece un punto de partida para cada KPI antes de implementar la estrategia seleccionada del entorno laboral ganar-ganar. Esto ayuda a aislar el impacto de la estrategia.
4. **Haz una proyección del ROI**
   - **Estima el impacto futuro de la estrategia seleccionada del entorno laboral ganar-ganar en tus KPI:** usa datos históricos, puntos de referencia en la industria o investigación de mercado para proyectar cuánta mejora puedes esperar.
   - **Calcula los beneficios potenciales:** traduce a términos financieros la mejora en los KPI. Esto podría ser un aumento en el ingreso, ahorros en costos o un mayor valor de vida del cliente.
   - **Calcula el ROI:** la siguiente figura ilustra cómo calcularlo para tu estrategia.

Desglose paso a paso:

1. Identifica los beneficios y costos:
- Beneficios: las ganancias o retornos de la inversión
- Costos: la suma total invertida

2. Aplica la fórmula del ROI:

$$\text{ROI: } \left(\frac{\text{beneficios} - \text{costos}}{\text{costos}} \right) 100\%$$

3. Calcula:
- Sustrae los costos de los beneficios.
- Divide el resultado entre los costos.
- Multiplica por 100 para obtener el porcentaje.

Refina

5. Da seguimiento, analiza y refina
   - **Monitorea continuamente tus KPI:** da seguimiento al progreso a lo largo de la implementación de la estrategia.
   - **Analiza los resultados:** compara los resultados finales con tus proyecciones. Identifica cualquier desviación y entiende las razones que están detrás.
   - **Refina tu estrategia:** con base en tu análisis, ajusta la estrategia para mejorar el ROI.

Comunícate y aprende

6. Crea la conexión
   - **Fomenta la confianza mediante la transparencia:** comunica de manera proactiva las expectativas del ROI y el cronograma a los actores interesados para conseguir su aceptación y apoyo en la estrategia.

- **Comparte historias de impacto:** comunica los hallazgos del análisis del ROI y da actualizaciones constantes del desempeño a los actores relevantes. Usa formatos de informes claros y concisos para transmitir el impacto de la estrategia en los resultados de negocios.
- **Entabla un diálogo con los actores interesados:** facilita discusiones abiertas sobre las implicaciones del análisis del ROI y cualquier corrección recomendada a las acciones. No dejes ningún dato a interpretación personal. Consulta el capítulo 1 sobre la importancia de centrarse en la voz de los empleados.

Consejos adicionales

- **Considera los beneficios intangibles:** no todos los beneficios pueden cuantificarse con facilidad. Por ejemplo, una nueva campaña de *marketing* podría mejorar el reconocimiento de la marca, a pesar de que sea difícil de medir con el ROI.
- **Establece un plazo realista:** el ROI tarda tiempo en materializarse, así que establece expectativas realistas para cuándo esperas ver un rendimiento. Tenemos varios estudios de caso en el sitio web thewinwinworkplace.com, en los que puedes encontrar ejemplos de diversos sectores para cada pilar del entorno laboral ganar-ganar.

Al seguir este proceso de seis pasos, podrás desarrollar un enfoque sólido para la medición del ROI en el entorno laboral ganar-ganar. Esto te ayudará a tomar decisiones informadas con respecto a la asignación de recursos y dar seguimiento al éxito de tu iniciativa.

INTERPRETACIÓN E IDEAS ACCIONABLES

Imagina que invertiste en crear un entorno laboral ganar-ganar y una cultura empresarial que fomente que los empleados prosperen y el negocio tenga éxito. ¿Cómo sabes que rinde frutos? Ahí es donde entra el análisis de ROI del entorno laboral ganar-ganar. Es una manera de traducir el impacto positivo de la cultura de tu empresa en números que los ejecutivos entiendan.

El ROI te dice si tus iniciativas para un entorno laboral ganar-ganar rinden frutos. Resultados positivos implican empleados felices que se traducen en una rentabilidad más sana. Busca la relación entre tus programas y la mejora entre indicadores como la productividad o una menor rotación de personal. Pero ¿qué sucede si los números no son tan prometedores? Un ROI negativo es una señal que se debe investigar; quizá tus programas necesiten ajustes. Tampoco te dejes desanimar por uno neutro. Quizá signifique que necesitas más datos o algunos ajustes para maximizar el impacto. Recuerda, la cultura empresarial es un jardín, y los jardines tardan en florecer.

ENCONTRAR LAS HISTORIAS DE ÉXITO Y LO QUE NECESITA MEJORAR

El ROI es como un reflector que te ayuda a identificar las áreas en las que tus esfuerzos brillan. Tal vez un nuevo programa de bienestar ha mejorado los ánimos de los empleados y ha reducido los costos en atención médica. Quizá realizar acuerdos de flexibilidad laboral ha llevado a equipos más felices y productivos. Por otra parte, el ROI también puede revelar áreas que necesiten un poco más de atención. ¿Hay programas con baja participación? ¿Ciertos indicadores no muestran mejora? Profundiza en estas áreas para entender por qué se quedan atrás.

PASAR DE LOS DATOS A LA ACCIÓN

Ahora viene la parte emocionante: usar tu ROI para mejorar todavía más tu entorno laboral próspero. Piensa en él como el fertilizante para el jardín de tu cultura empresarial, el cual puede nutrirse aún más con las acciones siguientes:

- **Alimenta los éxitos:** ¡los programas con un ROI positivo merecen un impulso! Asigna más recursos a estas iniciativas para que sigan floreciendo.
- **Revitaliza lo que tenga dificultades:** quizá algunos programas necesiten renovarse. Usa la retroalimentación de los empleados y programas piloto para refinarlos y que vuelvan a funcionar como deben.
- **Alinea tu jardín con el objetivo general:** asegúrate de que las iniciativas de tu entorno laboral próspero ayuden a tu empresa en general a florecer. Cerciórate de que tu cultura empresarial apoye tus objetivos generales de negocios: una fuerza laboral próspera y sana es la base para lograrlos.

La clave está en medir y analizar el ROI constantemente. Es como revisar tu jardín con regularidad. Al entender los resultados, puedes tomar decisiones informadas para cultivar un entorno laboral próspero que impulse el éxito de tu empresa durante muchos años.

CONTAR LA HISTORIA DEL ROI DE TU PRÓSPERO ENTORNO LABORAL

Después del arduo trabajo de medir el ROI de tu entorno laboral, ¡es hora de compartir la historia! Pero ¿cómo traducir datos a una narrativa interesante con la que puedan identificarse distintos públicos? A continuación, una guía de cómo comunicar tus descubrimientos con respecto a esta métrica.

Presentar hallazgos de ROI de una manera clara e interesante

- **Concéntrate en el porqué y el resultado:** no presentes números nada más; explica qué significan para la empresa. Conecta los resultados del ROI con beneficios tangibles como una mayor productividad, una mayor satisfacción de los empleados o una menor rotación de personal.
- **Narrativa visual:** usa recuadros, gráficos e infografías para lograr que datos complejos sean fáciles de entender. Destaca visualmente los hallazgos y tendencias clave para llamar la atención.
- **Sé claro y conciso:** ajusta el nivel de detalle a tu público. Evita la jerga técnica o especializada; concéntrate en un mensaje claro y de alto impacto.

Comunicar la propuesta de valor a diferentes actores interesados

Al compartir las lecciones y los resultados del entorno laboral ganar-ganar, es esencial centrarte en el individuo al que buscas informar e, idealmente, incluirlo como partidario de la nueva transformación. Ajustar la comunicación a diferentes actores es crucial para maximizar el compromiso, esto significa atender sus intereses específicos, fomentar una mejor comprensión con un nivel apropiado de detalle, construir relaciones con mensajes adaptados y finalmente lograr una mejor toma de decisiones al asegurar que todos tengan la información que necesitan de una manera con la que se puedan identificar. Los tres actores principales serán el liderazgo, los empleados y los socios externos. A continuación un desglose de cada uno:

- **Liderazgo:** ellos se interesarán por el panorama general: el impacto a gran escala de las iniciativas de un entorno laboral próspero en la rentabilidad. Destaca cómo el ROI contribuye a los objetivos estratégicos y al crecimiento futuro.
- **Empleados:** concéntrate en cómo las iniciativas de un entorno laboral próspero contribuyen a su bienestar y satisfacción laboral. Muestra cómo estos programas se traducen en un ambiente laboral más positivo y productivo.
- **Socios externos:** para los inversionistas o clientes potenciales, destaca el ROI como señal de una fuerza laboral sana y comprometida, lo cual lleva a una mejor calidad de producto y servicio al cliente.

Incluye a los actores interesados en discusiones

- **Entabla un diálogo recíproco:** no presentes hallazgos sin más. Promueve las preguntas y la discusión. Usa los datos del ROI como trampolín para proponer ideas futuras.

- **Atiende las preocupaciones de manera proactiva:** si el ROI no es mayormente positivo, reconoce cualquier desafío y esboza planes para mejorar.
- **Celebra los éxitos:** reconoce y recompensa a los empleados y equipos que han contribuido a un ROI positivo.

Al crear una narrativa clara e interesante y ajustar tu comunicación a diferentes interesados, puedes transformar los datos del ROI de tu entorno laboral próspero en una herramienta poderosa para el compromiso. Esto fomenta una sensación de propósito compartido y compromiso con la mejora continua de tu cultura empresarial, lo cual, a largo plazo, lleva al éxito.

MEJORA CONTINUA

Imagina tu implementación del pilar seleccionado del entorno laboral ganar-ganar como una máquina bien aceitada. A pesar de que funciona bien, siempre hay espacio para ajustes finos. Esa es la esencia de la mejora continua (MC) —una filosofía que considera el progreso una travesía sin fin—. No se trata de reacondicionamientos drásticos, sino de buscar constantemente mejoras pequeñas que, con el tiempo, lleven a ganancias significativas.

Pero ¿cómo se miden esas mejoras? Ahí es donde vuelve a entrar el ROI. Es la pieza del rompecabezas que te permite cuantificar el impacto de tus esfuerzos de MC. Integrar de manera paralela la medición del ROI a tus procesos de evaluación de desempeño es la clave. Te ayuda a entender qué ajustes en verdad hacen una diferencia y cuáles valdría la pena reconsiderar.

Piénsalo de la siguiente manera. Implementas un nuevo programa de capacitación para mejorar el servicio al cliente. Al dar seguimiento a indicadores como los puntajes de satisfacción del cliente y cifras de ventas, puedes calcular el ROI del programa. ¿Llevó a clientes más felices y un aumento en ventas? De ser así, ¡fue ganador! Pero si los números no se mueven, es momento de buscar retroalimentación y hacer una variación de tu estrategia.

Ahí yace la magia de la MC. Si usas los aprendizajes de los datos del ROI y centras la voz de los empleados, puedes refinar tu enfoque. Quizá el programa de capacitación necesite un formato distinto, o quizá esté dirigido a un área completamente errónea. Al variar tus estrategias con base en datos y retroalimentación, te aseguras de que tus esfuerzos de MC avancen constantemente hacia la dirección correcta.

El objetivo de la MC es fomentar una cultura de toma de decisiones y rendición de cuentas motivadas por datos. Cuando todos en la organización —desde el liderazgo hasta los empleados de primera línea— entienden el poder de los datos y asumen responsabilidad por la mejora continua, se vuelve un esfuerzo colectivo. Esta responsabilidad compartida asegura que todos estén motivados a buscar ineficiencias e identificar maneras de trabajar de forma más inteligente y no más ardua.

Imagina un equipo empoderado para analizar su flujo de trabajo y sugerir procesos de simplificación. O a un gerente de departamento que use datos para identificar áreas en las que se puedan desarrollar las habilidades de los empleados. Al fomentar esta cultura, la MC se vuelve más que una iniciativa vertical; se vuelve un modo de vida que impulsa tu organización hacia un éxito sostenido. Recuerda, la MC es un ciclo continuo: mide, analiza, refina y repite. Mediante este proceso continuo es como puedes liberar el verdadero potencial de tu organización y crear un entorno próspero en el que todos estén empoderados para contribuir con una mejora duradera.

CONCLUSIÓN

COSECHAR LAS RECOMPENSAS DE UN ENTORNO LABORAL GANAR-GANAR

A lo largo de este libro hemos ahondado en las estrategias que fomentan un ambiente en el que tanto empleados como organizaciones puedan florecer. A medida que reflexionamos sobre las transformaciones de las empresas y los líderes que presentamos, junto con el camino que tú recorriste como lector, confío en que se ha vuelto evidente —de hecho, está *demostrado* por datos— que cultivar un entorno laboral próspero ofrece recompensas significativas.

Desde centrarse en las voces de los empleados hasta adoptar la transparencia con respecto al capital humano, cada capítulo esclareció los pasos hacia la creación de un entorno laboral en el que los individuos y las organizaciones prosperen. Entre la infinidad de retos y panoramas dinámicos de los negocios modernos, no puede subestimarse la importancia de crear un entorno laboral ganar-ganar, y es más importante ahora que en ningún otro momento de nuestra historia. Al igual que el nuevo panorama laboral que surgió después de la Gran Depresión, ahora nos enfrentamos a un nuevo orden mundial del trabajo provocado por la pandemia. Están ocurriendo cambios drásticos en el futuro del trabajo, y tanto las estrategias como los entornos laborales de pensamiento de suma cero arriesgan no solo su rentabilidad, sino su existencia misma. Hemos visto cómo los actores establecidos en otras épocas han dejado pasar cambios clave en el comportamiento de clientes y empleados, de Blockbuster a Netflix, de MTV al servicio de *streaming* de Apple Music, de Sears a Walmart. El cambio a un entorno laboral ganar-ganar es el llamado de nuestra época. Las compañías y los líderes que no suban a bordo se arriesgan a quedarse vacíos, al igual que Kenosha, Wisconsin, la planta de Chrysler Motors de mi infancia. Ellos jugaron el juego de suma cero y perdieron.

Más allá de la mera retórica, *Ganar-Ganar* propone nueve pilares que constituyen el fundamento para construir el éxito organizacional y un crecimiento sostenible. Es un compromiso con fomentar un ecosistema en el que los empleados se sientan valorados, empoderados e inspirados, lo cual a fin de cuentas es un catalizador de innovación, productividad y mejora colectiva.

A medida que avanzas en tu viaje hacia un entorno laboral próspero, es esencial que reconozcas y celebres los avances hechos hasta el momento. Desde mejoras graduales hasta cambios monumentales en la cultura y la mentalidad, cada paso al frente es testimonio del compromiso colectivo con un entorno laboral en el que la rentabilidad financiera aumenta cuando todos los empleados en todos los niveles prosperan.

Al conmemorar los logros e hitos alcanzados, rendimos homenaje a la dedicación, resiliencia e ingenio que demuestran tanto individuos como organizaciones. Trátese de la implementación de estrategias de inclusión interseccional o de reimaginar las prestaciones laborales, cada logro sirve como catalizador de un mayor progreso e inspiración para el viaje que se avecina.

RECOMPENSAR A LOS LÍDERES GANAR-GANAR QUE VIVEN ESTOS VALORES

Las personas a las que yo llamo *líderes ganar-ganar* son los heraldos del futuro. Enfrentan sin miedo los retos y oportunidades de crecimiento. Inspiran con el ejemplo a miembros de equipos a superarse. Promueven un *ethos* de colaboración en vez de competencia.

Los líderes ganar-ganar no son solamente personas. Un líder de crecimiento puede ser la empresa valiente que se atrevió a volver horizontal su estructura jerárquica, aquella que contrata a STARs y deja que los empleados definan los contornos de sus paquetes de prestaciones. A pesar de que nos referimos a un líder ganar-ganar como individuo —una figura clave como un jefe de departamento, líder de equipo o colega que es la punta de lanza de una cultura ganar-ganar, predica con el ejemplo y fomenta el desarrollo tanto personal como profesional—, es importante reconocer que el poder visionario del motor principal no tiene que provenir solamente de una persona.

Un líder ganar-ganar se esfuerza por ver a cada persona como individuo, no como engranaje en un servicio para un fin corporativo. Un líder ganar-ganar ve a cada persona como una oportunidad para practicar la introspección y la empatía. Un líder ganar-ganar se ve restringido no solo por los sistemas existentes sino por los límites de su imaginación. Un líder ganar-ganar es abierto con respecto a sus éxitos, fracasos y objetivos. Un líder ganar-ganar se toma el tiempo de regar las semillas a su alrededor y ve oportunidades en vez de déficits. En breve, un líder ganar-ganar es la personificación del optimismo, la iniciativa y la mutualidad.

Para que un entorno laboral ganar-ganar se vuelva realidad, necesitamos a líderes ganar-ganar comprometidos en todos los niveles, desde la primera línea hasta la alta dirección. La transformación del entorno laboral en los niveles que hemos discutido requiere un cambio fundamental de mentalidad con respecto a cómo pensamos en el trabajo y su propósito en nuestra vida. Ya no tiene que verse meramente como una transacción en la que yo intercambio una hora de mi trabajo por una hora de sueldo en un cheque. Un entorno laboral puede ser un lugar de aprendizaje común y, sí, ¡un lugar donde encontrar tu propia pasión y razón de ser!

La historia de Kerry, un repaso

¿Recuerdas a Kerry Siggins del capítulo 9? Ella fue beneficiaria de un empleador, StoneAge, que se alejó de las estructuras e ideologías tradicionales, y en vez de ello moldeó su organización, políticas y mentalidad de tal manera que Kerry y todos sus empleados pudieran sentirse reconocidos, valorados e incluidos como parte del futuro de la empresa. Ella, a su vez, se comprometió con la misión de la empresa y adoptó sus valores como propios, lo cual la dejó más satisfecha que nunca antes.

El poder crecer dentro de esa estructura le permitió ser una líder ganar-ganar que llevó a StoneAge a una alineación todavía más estrecha de su negocio con sus valores. Siguió avanzando en el camino hacia una cultura centrada en los empleados, al aumentar los programas existentes y fomentar el crecimiento del talento existente. Escuchó a quienes la rodeaban y empoderó a sus subordinados, para darle a cada miembro de su empresa una voz, incluso mientras la empresa se expandía.

Tal como muestra este ejemplo, centrar a los miembros individuales que hacen que una organización funcione resulta en transformaciones tanto personales como profesionales. Kerry pasó de estar perdida, de luchar contra una adicción y sentirse herida a encontrar un entorno laboral que la motivaba a ser la mejor versión de sí misma en el trabajo todos los días, y que vio un potencial que ella no podía ver en sí misma. El liderazgo de su empresa le permitió alinearse con el producto de su trabajo, participar de su propio trabajo arduo y celebrar el trabajo arduo de otros. StoneAge se volvió una comunidad más que una empresa; un grupo de miembros más que de empleados.

Al adoptar la sinergia entre vida profesional y personal, las empresas liberan el potencial de un mayor compromiso y creatividad de quienes trabajan y, finalmente, una mayor rentabilidad. Al promover la autenticidad, los negocios cultivan un mayor sentido de pertenencia, motivación y lealtad entre su fuerza laboral, lo cual impulsa la productividad y la rentabilidad. Al adoptar la ecuación de vida completa, los negocios pueden crear un ecosistema próspero en el que la gente y la rentabilidad vayan de la mano.

Al aprovechar los talentos de Kerry, StoneAge le dio sentido; después ella creció y transmitió ese sentido. Se volvió una líder ganar-ganar que nutre a la siguiente generación de líderes ganar-ganar.

COMENZAR CON INDICADORES: EL FUNDAMENTO DEL ÉXITO

Construir un entorno laboral ganar-ganar exige un enfoque motivado por datos, sustentado en la identificación y alineación de indicadores clave con objetivos organizacionales. Al medir meticulosamente el impacto de las estrategias de un entorno laboral ganar-ganar, las organizaciones pueden comprobar el progreso, identificar áreas por mejorar y tomar decisiones informadas para cultivar un ambiente que conduzca a un éxito sostenido. El bienestar de los empleados y el ROI en el entorno laboral ganar-ganar están íntimamente ligados.

ALINEAR LOS INDICADORES CON LA ESTRATEGIA Y LOS OBJETIVOS

Alinear los indicadores clave con los nueve pilares del entorno laboral ganar-ganar detallados en este libro es esencial. Establecer estos indicadores desde el inicio o insertarlos pronto en el proceso asegura que sean integrales para el proceso de evaluación. Muchas personas creen erróneamente que los indicadores son algo que debe establecerse al final para evaluar los resultados. Sin embargo, esperar hasta el final implica perder datos y lecciones importantes a lo largo del proceso. Al establecer los indicadores desde el inicio, creas un marco que te permite medir y guiar tus iniciativas estratégicas en tiempo real.

Desde centrarse en las voces de los empelados hasta distribuir el liderazgo y crear estructuras en las que cada quien pueda desarrollar su liderazgo y contribuir de manera significativa gracias a una mentalidad de emprendimiento, cada estrategia necesita verse acompañada de un conjunto de indicadores medibles para cuantificar el progreso. Este enfoque proactivo asegura que puedas dar seguimiento e impulso a tus objetivos estratégicos de forma efectiva desde el inicio, en vez de tener problemas a la hora de medir el éxito después del hecho. Comenzar con indicadores ayuda no solo en el proceso de evaluación sino también en la toma de decisiones informadas y al realizar ajustes en el proceso, lo cual lleva finalmente a resultados más exitosos y sostenibles.

POR DÓNDE EMPEZAR: UN LLAMADO A LA ACCIÓN

Este libro abarca una variedad de estrategias con sus nueve pilares del entorno laboral ganar-ganar, y puede parecer abrumador implementar todo al mismo tiempo. Es crucial reconocer que no necesitas atacar todo de manera simultánea. Comienza centrándote en las voces de los empleados: esa es la base. Escucha lo que te dicen, entiende sus necesidades e identifica dónde tienes más energía y apoyo dentro de tu organización.

Después, considera los retos específicos a los que te enfrentas. ¿Tu problema principal es la retención? ¿La cultura? Identifica tus problemas más urgentes y comienza ahí. Alinea tus indicadores con esas áreas de enfoque iniciales. Forma un equipo que te ayude a recolectar datos, realizar pruebas piloto de nuevas iniciativas y a evaluar los resultados. Recuerda, no necesitas seguir los pilares en orden riguroso; ve a donde veas oportunidades de mejora inmediata.

¡TÚ PUEDES!

Crear un entorno laboral próspero quizá parezca un objetivo ambicioso, pero las estrategias descritas en este libro son prácticas y viables, sin importar la talla de tu empresa o industria. Recuerda que incluso pequeñas mejoras en el bienestar y compromiso de los empleados pueden traducirse en beneficios significativos del ROI. Piensa en empleados más felices y más productivos que llevan a una mayor satisfacción del cliente, más innovación y, finalmente, a mejores resultados financieros. Es un ganar-ganar para todos los involucrados.

Al tomar medidas y fomentar un ambiente colaborativo, puedes inspirar a otros a unirse a ti en esta travesía. Recuerda, construir un entorno laboral próspero es una inversión en tu activo más valioso: la gente. Las recompensas son sustanciosas, no solo para ti, tus pares y tus empleados, sino para el éxito de toda la organización. Entonces, respira profundo, aprovecha el potencial ¡y prepárate para crear un entorno laboral en el que todos florezcan!

UNA VISIÓN A FUTURO, AHORA MISMO

Crear un entorno laboral próspero es una travesía constante. Te invito a mantener un compromiso con la mejora e innovación continuas. Saber que leíste este libro y llegaste al final me da optimismo para el futuro del trabajo y de los entornos laborales ganar-ganar alrededor del mundo. Te invito a compartir tus experiencias y hallazgos conmigo y con otros en el sitio thewinwinworkplace.com. Únete a una comunidad de individuos que piensan de manera similar y que están comprometidos con crear entornos laborales prósperos. En el mismo sitio encontrarás estudios de caso, investigaciones, modelos, recursos y apoyo para quienes emprendan la transformación de su propio entorno laboral.

Apoyar a lectores como tú es mi vocación. Desde niña, cuando vi cómo mi abuelo encontraba dignidad en su trabajo, conozco el poder de un entorno laboral ganar-ganar. Estoy sumamente agradecida contigo por tu atención y compromiso. El propósito del libro coincide con mi misión personal: mostrar que cuando todos —empleados de primera línea, gerentes, ejecutivos y creadores de políticas— acogen un entorno más equitativo centrado en la confianza, la rendición de cuentas, la colaboración y la equidad, *a todos* nos va mejor. Crear un entorno laboral ganar-ganar está al alcance de todas las organizaciones. Ya cuentas con la guía. Tú decides cuándo comenzar.

GUÍA DE DISCUSIÓN

Esta guía de discusión fue creada para fomentar conversaciones esclarecedoras entre los altos ejecutivos, los líderes de primera línea y los trabajadores con respecto a los pilares del entorno laboral ganar-ganar que impulsan un ambiente laboral exitoso y comprometido. Busca facilitar la reflexión, la discusión e ideas accionables para promover un enfoque holístico a la mejora del entorno laboral y el bienestar de los empleados que se traduce en éxito financiero.

BENEFICIOS PARA LOS ACTORES RELEVANTES

1. Directivos de alto nivel

Esta guía empodera a los altos ejecutivos en las siguientes áreas:

- **Atender de forma estratégica las necesidades de los empleados:** obtén perspectivas sobre la retroalimentación y experiencia de las personas, para permitir ajustes estratégicos que mejoren el compromiso y el desempeño.
- **Mejorar los resultados en los negocios:** aprovecha la retroalimentación para refinar iniciativas que pue-

dan tener un impacto positivo en las ganancias, los ingresos, el precio de las acciones y la valuación de activos.

- **Impulsar el cambio organizacional:** implementa prácticas que se alineen con los valores y necesidades de los empleados para fomentar un ambiente de trabajo positivo y productivo.

2. Líderes de primera línea

Esta guía empodera a los líderes de primera línea en las siguientes áreas:

- **Mejorar la dinámica de los equipos:** usa las herramientas para fomentar la comunicación abierta, la colaboración y un ambiente de apoyo dentro de sus equipos.
- **Prácticas efectivas de liderazgo:** implementa las estrategias para mejorar las prácticas gerenciales con base en la retroalimentación y las experiencias de los empleados.
- **Mejorar el compromiso:** aplica las técnicas para mejorar la motivación y el compromiso de los equipos, lo cual lleva a mejores resultados en los negocios.

3. Trabajadores

Esta guía empodera a los trabajadores en las siguientes áreas:

- **Dar pie a conversaciones:** usa las preguntas para comenzar discusiones significativas con los empleadores actuales sobre áreas por mejorar y mecanismos de retroalimentación.

- **Evaluar las oportunidades futuras:** utiliza las preguntas de la guía como una lente para evaluar a potenciales empleadores, para estar seguro de la alineación de sus valores y necesidades.
- **Influir en el cambio:** comparte sus perspectivas y sugerencias para impulsar cambios accionables que mejoren su experiencia en el trabajo y satisfacción laboral.

APÉNDICE A

LOS NUEVE PILARES DEL ENTORNO LABORAL GANAR-GANAR

Los nueve pilares del entorno laboral ganar-ganar

Pilar	Actor relevante	Preguntas
1 **Centrarse en las voces de los empleados**	Directivos de alto nivel	• ¿Actualmente cómo consigues retroalimentación accionable de los empleados dentro de la organización? • ¿Qué pasos se toman para asegurar que la retroalimentación de los empleados tenga representación en decisiones estratégicas? • ¿Podrías compartir ejemplos en los que la retroalimentación de los empleados haya contribuido directamente con un cambio positivo y su impacto en los resultados en el negocio?
	Líderes de primera línea	• ¿Cómo motivas a los miembros de tu equipo a compartir sus ideas y preocupaciones? • ¿Qué métodos usas para comunicarles el impacto de su retroalimentación? • ¿Podrías compartir un momento en el que una idea de tu equipo llevara a una mejora significativa en tus operaciones?
	Empleados	• ¿Sientes que tu voz se escucha y se valora en la empresa? ¿Por qué sí o por qué no? • ¿Recuerdas algún momento en el que se haya implementado tu retroalimentación, y cuál fue el resultado? • ¿Qué mejoras sugerirías a los mecanismos actuales de retroalimentación?

2 **Cultivar relaciones de trabajo mutualistas**	Directivos de alto nivel	• ¿Cómo promueves relaciones positivas y colaborativas entre empleados y empleadores? • ¿Qué iniciativas has introducido para alinear las recompensas de los empleados con un propósito y valores? • ¿Cómo mides el impacto de estas iniciativas en el desempeño de tu empresa?
	Líderes de primera línea	• ¿Cómo fomentas un sentido de apreciación y contribución dentro de tu equipo? • ¿Podrías compartir ejemplos de recompensas no monetarias que uses para motivar a tu equipo? • ¿Qué impacto has observado a partir de estos esfuerzos en el compromiso y retención de tus empleados?
	Empleados	• ¿Cómo te sientes con respecto a la conexión y la colaboración en tu entorno laboral? • ¿Qué recompensas no monetarias te motivan más? • ¿Cómo sientes que tu trabajo se alinea con tus valores y propósitos personales?
3 **Implementar estrategias de inclusión interseccional**	Directivos de alto nivel	• ¿Qué hace tu organización para apoyar a los empleados en mostrarse como personas completas en el trabajo? • ¿Qué estrategias pones en práctica para reconocer y valorar las experiencias diversas?
	Líderes de primera línea	• ¿Cómo creas un entorno inclusivo para los miembros de tu equipo? • ¿Podrías compartir ejemplos de cómo apoyas a los miembros del equipo con base en sus identidades interseccionales? • ¿Qué retos has enfrentado al implementar estrategias de inclusión y qué capacitación o apoyo de otra clase recibiste para prepararte? • ¿Cómo te aseguras de que las identidades interseccionales, las experiencias personales y laborales diversas que los empleados aportan se aprovechen de manera estratégica dentro de la organización? ¿Podrías dar dos o tres ejemplos? ¿Tus líderes de primera línea podrían dar un ejemplo?
	Empleados	• ¿Sientes que puedes ser auténtico con respecto a tu identidad en el trabajo? ¿Por qué sí o por qué no? • ¿De qué manera la empresa apoya tus necesidades y contexto de origen único? • ¿Qué cambios sugerirías para aprovechar mejor tus identidades interseccionales o las de tus colegas en el entorno laboral?

4 Reimaginar las prestaciones laborales	Directivos de alto nivel	• ¿Cómo decides qué prestaciones ofrecer para cubrir las necesidades diversas de los empleados? • ¿Qué prestaciones innovadoras has introducido recientemente y cuál ha sido su impacto? • ¿Cómo mides la satisfacción y lealtad de los empleados con respecto a las prestaciones?
	Líderes de primera línea	• ¿Cómo comunicas las prestaciones disponibles a tu equipo? • ¿Cómo consigues retroalimentación sobre la efectividad de las prestaciones actuales? • ¿Podrías compartir un ejemplo de una sugerencia de prestación de tu equipo que se haya implementado?
	Empleados	• ¿Qué tan satisfecho estás con las prestaciones actuales que ofrece tu empresa? • ¿Qué prestaciones adicionales te gustaría ver y por qué? • ¿Hasta qué punto sientes que tienes la habilidad de influir en las prestaciones ofrecidas?
5 Activar a líderes de primera línea	Directivos de alto nivel	• ¿Cómo empoderas a los líderes de primera línea para defender las iniciativas de inclusión de los empleados? • ¿Qué estrategias centradas en lo humano has implementado en el nivel de primera línea? • ¿Cómo apoyas el que se tomen decisiones más apegadas al trabajo que se realiza?
	Líderes de primera línea	• ¿Cómo promueves la diversidad, equidad, inclusión y justicia dentro de tu equipo? • ¿Podrías compartir una estrategia exitosa centrada en lo humano que hayas implementado? • ¿Cómo involucras a tu equipo en los procesos de toma de decisiones?
	Empleados	• ¿Cómo percibes los esfuerzos de tus gerentes de primera línea para fomentar sus habilidades como líderes de personas? • ¿Podrías compartir una experiencia en la que te sintieras incluido en la toma de decisiones? • ¿Qué apoyo necesitas de parte de los gerentes de primera línea para sentirte más comprometido y responsable?

6 **Contratar a STARs en vez de dar prioridad a las credenciales**	Directivos de alto nivel	• ¿Cómo das prioridad a aptitudes y habilidades por encima de las credenciales tradicionales en tu proceso de contratación? • ¿Qué métodos innovadores de evaluación has desarrollado para identificar al talento? • ¿Qué impacto ha tenido este enfoque en tu plantilla de talento y los resultados de tu negocio?
	Líderes de primera línea	• ¿Cómo identificas y apoyas el desarrollo de habilidades dentro de tu equipo? • ¿Podrías compartir un ejemplo de un miembro del equipo que prosperó a pesar de no contar con credenciales tradicionales? • ¿Qué retos has enfrentado al alejarte de los criterios tradicionales de contratación?
	Empleados	• ¿Cómo te sientes con respecto al énfasis en las aptitudes o habilidades por encima de las credenciales tradicionales? • ¿Has experimentado alguna oportunidad debido a este enfoque? • ¿Qué habilidades o talentos crees que el sistema actual menosprecia?
7 **Desarrollar plantillas extensas de talento**	Directivos de alto nivel	• ¿Qué estrategias usas para nutrir y fomentar el talento dentro de tu organización? • ¿Cómo inviertes en programas de capacitación y desarrollo para tus empleados? • ¿Cómo mides el éxito de estos programas para retener al mejor talento?
	Líderes de primera línea	• ¿Cómo identificas a futuros líderes potenciales dentro de tu equipo? • ¿Podrías compartir ejemplos de cómo has apoyado el avance profesional de miembros de tu equipo? • ¿Qué oportunidades de capacitación y desarrollo le ofreces a tu equipo?
	Empleados	• ¿Sientes que hay trayectorias claras para el avance profesional en tu empresa? • ¿Cómo te han ayudado en tus funciones los programas de capacitación y desarrollo? • ¿Qué apoyo adicional necesitas para avanzar en tu carrera?

8 **Usar los informes de capital humano como estrategia competitiva**	Directivos de alto nivel	¿Cómo usas los datos e indicadores relacionados con los empleados para informar la toma de decisiones estratégicas? ¿Qué datos de capital humano mides y sigues, y cómo se los comunicas a tus empleados? ¿Qué impacto ha tenido en la confianza de los trabajadores y el desempeño de la empresa aumentar la transparencia?
	Líderes de primera línea	¿Cómo incorporas los datos de capital humano en tus prácticas gerenciales? ¿Podrías compartir ejemplos de cómo la transparencia en la toma de decisiones ha beneficiado a tu equipo? ¿A qué retos te has enfrentado al aumentar la transparencia y cómo los atendiste?
	Empleados	¿Qué tan transparente sientes que es tu empresa con respecto a las decisiones que afectan a los empleados? ¿Qué impacto tiene en tu confianza en la empresa conocer datos de capital humano? ¿Qué información adicional te gustaría tener con respecto al proceso de toma de decisiones de la empresa?
9 **Distribuir el liderazgo mediante estructuras de emprendimiento**	Directivos de alto nivel	¿Cómo empoderas a los empleados en todos los niveles para compartir ideas y tomar decisiones? ¿Qué estructuras has implementado para superar las jerarquías rígidas? ¿Cómo mides el impacto de estas estructuras en la colaboración y la innovación?
	Líderes de primera línea	¿Cómo motivas a los miembros del equipo para que asuman responsabilidad y compartan sus habilidades? ¿Podrías compartir ejemplos de ideas exitosas provenientes de empleados que no fueran parte del liderazgo? ¿Qué desafíos has enfrentado al implementar estructuras organizacionales más horizontales?
	Empleados	¿Qué tan empoderado te sientes para compartir tus ideas y asumir la responsabilidad de las decisiones? ¿Podrías compartir un ejemplo en el que tu idea fuera implementada y describir su impacto? ¿Qué apoyo necesitas para sentirte más confiado al contribuir a la toma de decisiones?

APÉNDICE B

GUÍA PARA EL FACILITADOR

Esta guía para el facilitador está diseñada para llevar a cabo discusiones con respecto a los temas clave de este libro y facilitar una comprensión más profunda de cómo crear una organización exitosa más centrada en los empleados. Su público meta son líderes, gerentes, profesionales de recursos humanos y empleados de diversos niveles dentro de una organización.

OBJETIVOS

- Fomentar un diálogo abierto y honesto con respecto a la cultura laboral y las experiencias de los empleados.
- Generar ideas y estrategias accionables para mejorar el bienestar de los empleados y el desempeño organizacional.
- Construir una comprensión compartida de la importancia de un enfoque ganar-ganar a las relaciones laborales.

PREPARACIÓN

- Lee el libro de principio a fin y familiarízate con los conceptos y argumentos clave.
- Revisa la Guía de discusión y prepara preguntas o actividades adicionales según sea necesario.
- Considera el tamaño y la dinámica del grupo y ajusta adecuadamente el estilo de facilitación.
- Crea una atmósfera cordial e inclusiva para que los participantes compartan sus pensamientos y experiencias.

CONSEJOS DE FACILITACIÓN

- Promueve la participación activa de todos los involucrados.
- Equilibra el tiempo de hablar y escuchar entre los miembros del grupo.
- Resume puntos clave e identifica temas comunes.
- Usa apoyos visuales o accesorios para propiciar el interés.
- Prepárate para manejar temas sensibles con empatía y respeto.

Primer pilar: centrarse en las voces de los empleados

- ¿Qué impacto tiene una cultura de silencio en la innovación y la resolución de problemas dentro de tu organización?
- ¿Qué herramientas tecnológicas pueden usarse para reunir y analizar la retroalimentación de los empleados de manera más efectiva?

- ¿Cómo pueden los líderes asegurarse de que la retroalimentación de los empleados no solamente se escuche sino que se ponga en práctica?

Segundo pilar: cultivar las relaciones de trabajo mutualistas

- ¿Qué impacto tiene un fuerte sentido de comunidad en el compromiso y productividad de los empleados?
- ¿Qué medidas específicas pueden tomar los líderes para fomentar una cultura del aprecio y el reconocimiento?
- ¿Cómo pueden las organizaciones medir el ROI de iniciativas centradas en la conexión humana?

Tercer pilar: implementar estrategias de inclusión interseccional

- ¿Qué pasos pueden tomar las organizaciones para crear un entorno laboral auténtico en el que los empleados no se sientan presionados a enmascarar sus identidades?
- ¿Qué estructuras y políticas actuales del entorno laboral podrían reimaginarse a través de una lente interseccional para apoyar mejor las identidades diversas?
- ¿Cómo puede impulsar el éxito en los negocios el aprovechar identidades interseccionales y qué beneficios podría ofrecer esto en la innovación, el interés de los clientes y la competitividad?

Cuarto pilar: reimaginar las prestaciones laborales

- ¿Cómo puede el involucrar a los empleados en la recomendación y elección de sus propias prestaciones

contribuir a una mayor satisfacción laboral y lealtad, y qué impacto podría tener esto en el desempeño financiero general de la empresa?
- ¿Qué prestaciones innovadoras pueden ofrecer las organizaciones para cubrir las necesidades diversas de su fuerza laboral?
- ¿Qué impacto tiene el bienestar financiero en el bienestar general y desempeño laboral de los empleados?

Quinto pilar: activar a líderes de primera línea

- ¿Qué retos específicos enfrentan los líderes de primera línea para crear un entorno laboral positivo?
- ¿Cómo pueden las organizaciones proporcionar la capacitación y los recursos necesarios para el éxito a los líderes de primera línea?
- ¿Cómo mejora la experiencia de los empleados y el éxito de los negocios el proporcionar más apoyo de incorporación y capacitación a los líderes de primera línea?

Sexto pilar: contratar a STARs en vez de dar prioridad a las credenciales

- ¿Cómo pueden las organizaciones identificar y evaluar las habilidades y competencias necesarias para el éxito futuro?
- ¿Qué métodos alternativos de evaluación pueden usarse para evaluar a empleados potenciales?
- ¿Cómo pueden las organizaciones construir una vía de canalización de talentos mediante programas de formación de aprendices y pasantías?

Séptimo pilar: desarrollar plantillas extensas de talento

- ¿Qué papel desempeña el desarrollo del liderazgo en la creación de una cultura de alto desempeño?
- ¿Cómo pueden las organizaciones fomentar una cultura de aprendizaje y desarrollo continuo?
- ¿Cómo se puede empoderar a los empleados para que asuman la responsabilidad de su crecimiento profesional?

Octavo pilar: usar los informes de capital humano como estrategia competitiva

- ¿Cómo pueden las organizaciones usar efectivamente datos de capital humano tales como indicadores de compensación, capacitación y bienestar para informar la toma de decisiones estratégicas y comunicar estos factores de manera transparente a los empleados?
- ¿Cuáles son las mejores prácticas para dar seguimiento a los datos de capital humano y cómo puede la transparencia impulsar la confianza de los empleados?
- ¿De qué modo la toma de decisiones motivada por datos y una mejor planeación de la fuerza laboral pueden mejorar las ganancias, los ingresos y la valuación de activos?

Noveno pilar: distribuir el liderazgo mediante estructuras de emprendimiento

- ¿Cómo pueden las organizaciones empoderar a los empleados a tomar decisiones en el nivel local?
- ¿Qué estructuras y procesos pueden apoyar un enfoque más descentralizado a la gerencia?

- ¿Cómo pueden las organizaciones medir el impacto de las iniciativas impulsadas por empleados?

Actividades adicionales

- **Análisis de estudios de caso:** presenta un estudio de caso de una empresa abordada en *este libro* para demostrar cómo ellos implementaron con éxito las prácticas del entorno laboral ganar-ganar.
- **Juegos de rol:** simula escenarios laborales difíciles y practica las habilidades efectivas de comunicación y resolución de problemas.
- **Planeación de acciones:** motiva a los participantes a desarrollar planes específicos de acción para implementar las ideas discutidas.

Al seguir esta «Guía para el facilitador» e incorporar las preguntas previamente discutidas, puedes crear conversaciones interesantes y productivas que impulsen un cambio positivo dentro de cualquier organización.

NOTAS

Introducción: Un nuevo orden mundial para el trabajo

1 «Employment Situation Summary—2024 M02 Results», US Bureau of Labor Statistics, 8 de marzo de 2024, https://www.bls.gov/news.release/empsit.nr0.htm.
2 Jim Mateja, «Chrysler Closing Kenosha Plant», *Chicago Tribune*, 8 de agosto de 2021, https://www.chicagotribune.com/1988/01/28/chrysler-closing-kenosha-plant/.
3 Jenna Jacobs, «American Motors», en *Encyclopedia of Milwaukee*, consultado el 12 de septiembre de 2024, https://emke.uwm.edu/entry/american-motors/.
4 «State of the Global Workplace: From Suffering to Thriving», Gallup.com, consultado el 13 de junio de 2024, https://www.gallup.com/workplace/349484/state-of-the-global-workplace.aspx?thank-you-report-form=1.
5 Randstad, *Workmonitor 2023: Flexible but Stable*, 2023, https://workforce-insights.randstad.com/hubfs/Workmonitor/2023/Randstad_Workmonitor_2023.pdf?hsLang=nl.
6 Loh-Sze Leung y Nancy Snyder, *Taking Action: Positioning Low-Income Workers to Succeed in a Changing Economy*, agosto de 2019, https://assets.aecf.org/m/resourcedoc/hatcher-takingaction-2019.pdf.
7 Bobby Allyn, «Nearly 25,000 Tech Workers Were Laid Off in the First Weeks of 2024. Why Is That?», *NPR*, 28 de enero de 2024, https://www.npr.org/2024/01/28/1227326215/nearly-25-000-tech-workers-laid-off-in-the-first-weeks-of-2024-whats-going-on.
8 Angela Jackson, «Grand Challenge to Reinvent Workforce Development», en *Workforce Realigned: How New Partnerships Are Advancing Economic Mobility*, ed. de Social Finance, Federal Reserve Bank of Atlanta y Federal Reserve Bank of Philadelphia (Boston, MA: Social Finance, 2021): 168-185.
9 Allyn, «Nearly 25,000 Tech Workers Were Laid Off»; Angela Jackson, «Grads of Life Brandvoice: The Social Determinants of Work», *Forbes*, 26 de agosto de 2021, https://www.forbes.com/sites/gradsoflife/2021/08/26/the-social-determinants-of-work/.

Capítulo 1: Centrarse en las voces de los empleados

1 «The Great Gloom: In 2023, Employees Are Unhappier Than Ever. Why?», BambooHR, consultado el 1.º de junio de 2024, https://www.bamboohr.com/resources/guides/employee-happiness-h1-2023?utm_source=newswire&amp%3Butm__medium=press+release&amp%3Butm_campaign=Q2%2723.

2 Jim Harter, «Percent Who Feel Employer Cares about Their Wellbeing Plummets», Gallup.com, 18 de marzo de 2022, https://www.gallup.com/workplace/390776/percent-feel-employer-cares-wellbeing-plummets.aspx.

3 «How to Improve Employee Engagement in the Workplace», Gallup.com, consultado el 30 de mayo de 2024, https://www.gallup.com/workplace/285674/improve-employee-engagement-workplace.aspx#ite-357638.

4 Peter Stavros, mensaje de correo electrónico a la autora, 25 de junio de 2024.

Capítulo 2: Comprometerse con las relaciones ganar-ganar

1 Sandra Sobieraj Westfall, en entrevista con Angela Jackson, 18 de julio de 2024.

2 Jessica Howington, «Toxic Managers and Coworkers Pervasive in the Workplace», *FlexJobs Blog*, 18 de septiembre de 2023, https://www.flexjobs.com/blog/post/toxic-managers-coworkers-make-toxic-workplace/.

3 Howington, «Toxic Managers»; RoseHunt, «93% of uk Employees Have Experienced a "Toxic Workplace", Study Finds», Gleeson Recruitment Group, archivado el 28 de septiembre de 2022, disponible en Wayback Machine, https://web.archive.org/web/20220928194204/https://www.workwithglee.com/blog/2022/07/93-percent-of-uk-employees-have-experienced-a-toxic-workplace-study-finds/.

4 Nectar Gan, «Chinese Tech Exec's Fiery Endorsement of Toxic Workplace Culture Sparks Backlash—and Costs Her Job», *Yahoo! Finance*, 9 de mayo de 2024, https://finance.yahoo.com/news/bosses-thinking-baidu-pr-chief-115050444.html.

5 Waiyee Yip, «China Steps in to Regulate Brutal "996" Work Culture», *BBC News*, 1.º de septiembre de 2021, https://www.bbc.com/news/world-asia-china-58381538.

6 Caitlin Rosenthal, «Plantations Practiced Modern Management», *Harvard Business Review*, septiembre de 2013, https://hbr.org/2013/09/plantations-practiced-modern-management.

7 Caitlin Rosenthal, *Accounting for Slavery: Masters and Management* (Cambridge, MA: Harvard University Press, 2019).

8 Sebastian Buck, «The Business Case for Investing in Employee Well-Being», *Fast Company*, 23 de mayo de 2023, https://www.fastcompany.com/90899166/the-business-case-for-investing-in-employee-well-being.

9 Jim Harter, «Percent Who Feel Employer Cares about Their Wellbeing Plummets», Gallup.com, 18 de marzo de 2022, https://www.gallup.com/workplace/390776/percent-feel-employer-cares-wellbeing-plummets.aspx.

10 Kathryn Mayer, «Most Workers Say Paychecks Aren't Keeping Up with Inflation», SHRM, 1.° de marzo de 2024, https://www.SHRM.org/topics-tools/news/benefits-compensation/inflation-toll-employee-paychecks-american-staffing-association#:~:text=More%20than%20half%20of%20workers,About%202%2C000%20workers%20were%20surveyed.

11 «Indicators: Employee Wellbeing», Gallup.com, consultado el 12 de junio de 2024, https://www.gallup.com/394424/indicator-employee-wellbeing.aspx.

12 Shane McFeely y Ben Wigert, «This Fixable Problem Costs U.S. Businesses $1 Trillion», Gallup.com, 13 de marzo de 2019, https://www.gallup.com/workplace/247391/fixable-problem-costs-businessestrillion.aspx#:~:text=The%20cost%20of%20replacing%20an,to%20%24Fa%20million%20per%20year.

13 Charlotte Fritz, YoungAh Park y Brittnie R. Shepherd, «Workplace Incivility Ruins My Sleep and Yours: The Costs of Being in a Work-Linked Relationship», *Occupational Health Science* 3, núm. 1 (1.° de marzo de 2019): 1-21.

14 Jesse Stanchak, «The Hidden Costs of Incivility in the Workplace», SHRM, 14 de mayo de 2024, https://www.shrm.org/executive-network/insights/the-hidden-costs-of-incivility-in-the-workplace.

15 Jerry Greenfield, correspondencia por correo electrónico con Angela Jackson, 6 de junio de 2024.

16 «Fairtrade», Ben & Jerry's, 9 de junio de 2023, https://www.benjerry.com/values/issues-we-care-about/fairtrade.

17 *Idem.*

18 Jobina Gonsalves, en entrevista con Angela Jackson, 14 de abril de 2023.

19 P. J. Zak, «The Neuroscience of High-Trust Organizations», *Consulting Psychology Journal* 70, núm. 1 (2018): 441-445.

20 E. Napoletano, «15 Companies That Help Pay Off Student Loans», *U.S. News*, 5 de junio de 2024, https://money.usnews.com/loans/student-loans/articles/companies-that-help-pay-off-student-loans; Kimpton Hotels & Restaurants, «Kimpton Hotels & Restaurants Partners with Talkspace to Provide Licensed Therapy to Guests and Employees», comunicado de prensa, 23 de febrero de 2022, https://investors.talkspace.com/news-releases/news-release-details/kimpton-hotels-restaurants-partners-talkspace-provide-licensed/.

21 Jimmy Nesbitt, «Ben & Jerry's and Burlington Scoop Shop Workers Reach First Contract Agreement», *VTDigger*, 18 de enero de 2019, https://vtdigger.org/2024/01/18/ben-jerrys-and-burlington-scoop-shop-workers-reach-first-contract-agreement/.

22 *Idem.*

23 «Ben and Jerry's Homemade Overview», PitchBook, consultado el 11 de septiembre de 2024, https://my.pitchbook.com/profile/95759-83/.

Capítulo 3: El empleado completo: cómo la inclusión interseccional libera el potencial

1 Sundiatu Dixon-Fyle, Kevin Dolan, Dame Vivian Hunt y Sara Prince, «Diversity Wins: How Inclusion Matters», McKinsey & Company, 19 de mayo de 2020, https://www.mckinsey.com/featured-insights/diversity-and-inclusion/diversity-wins-how-inclusion-matters.
2 Kimberlé Crenshaw, «Demarginalizing the Intersection of Race and Sex: A Black Feminist Critique of Antidiscrimination Doctrine, Feminist Theory and Antiracist Politics», *University of Chicago Legal Forum* (1989): 139-167.
3 Genevieve Richards, en entrevista con Angela Jackson, 7 de febrero de 2021.
4 Organización Internacional del Trabajo, *Care Work and Care Jobs for the Future of Decent Work* (Ginebra: Organización Internacional del Trabajo, 2018), 31.
5 Feeding America, *The Impact of the Coronavirus on Food Insecurity in 2020 and 2021*, marzo de 2021, https://www.feedingamerica.org/sites/default/files/2021-03/National%20Projections%20Brief_3.9.2021_0.pdf; Elaine Waxman, Julio Salas, Poonam Gupta y Michael Karpman, «Food Insecurity Trended Upward in Midst of High Inflation and Fewer Supports: Findings from the Health Reform Monitoring Survey, June 2022», Urban Institute, septiembre de 2022, https://www.urban.org/sites/default/files/2022-09/HRMS%20Food%20Insecurity%20Brief_0.pdf.
6 Bruce D. Meyer, Angela Wyse, Alexa Grunwaldt, Carla Medalia y Derek Wu, «Learning about Homelessness Using Linked Survey and Administrative Data», documento de trabajo 28861, National Bureau of Economic Research, 31 de mayo de 2021, https://www.nber.org/papers/w28861.
7 Organización Mundial del Trabajo, *The World Health Report 2001: Mental Health: New Understanding, New Hope*, 2001, https://iris.who.int/bitstream/handle/10665/42390/WHR_2001.pdf?sequence=1&isAllowed =y.
8 Erica Coe, Jenny Cordina, Kana Enomoto, Raelyn Jacobson, Sharon Mei y Nikhil Seshan, «Addressing the Unprecedented Behavioral-Health Challenges Facing Generation Z», McKinsey & Company, 14 de enero de 2022, https://www.mckinsey.com/industries/healthcare/our-insights/addressing-the-unprecedented-behavioral-health-challenges-facing-generation-z; Jonathan Haidt, *La generación ansiosa. Por qué las redes sociales están causando una epidemia de enfermedades mentales entre nuestros jóvenes*, trad. de Verónica Puertollano (Bogotá: Paidós, 2024).
9 Jordan Turner, «Employees Seek Personal Value and Purpose at Work. Be Prepared to Deliver», Gartner, 29 de marzo de 2023, https://www.gartner.com/en/articles/employees-seek-personal-value-and-purpose-at-work-be-prepared-to-deliver.

10 *Idem.*

11 «Transportation Economic Trends: Transportation Spending—Average Household», Bureau of Transportation Statistics, consultado el 28 de julio de 2024, https://data.bts.gov/stories/s/Transportation-Economic-Trends-Transportation-Spen/ida7-k95k/.

12 Rukmini Callimachi y Ruth Fremson, «I Live in My Car», *New York Times*, 17 de octubre de 2023, https://www.nytimes.com/2023/10/17/realestate/car-homeless-rent-debt-mortgage.html?searchResultPosition=5.

13 Korayem Razik, «Presenteeism Costs 10x More Than Absenteeism. How Can Leaders Tackle This?», *Thrive Global*, 14 de enero de 2021, https://community.thriveglobal.com/presenteeism-costs-10x-more-than-absenteeism-how-can-leaders-tackle-this/#:~:text=The%20High%20Cost%20of%20Presenteeism,based%20on%20the%20BLS%20data.

14 *Idem.*

15 *Idem.*

16 *Idem.*

17 *Idem.*

18 Yamini Rangan, directora ejecutiva de HubSpot, en entrevista con Caroline Hyde, *Bloomberg*, 7 de marzo de 2024, https://www.bloomberg.com/news/videos/2024-03-07/treat-company-culture-like-a-product-rangan-video.

19 *Idem.*

20 *Idem.*

21 Ellie Flanagan, «HubSpot's CEO Brian Halligan Injured in Accident; Expected to Make a Full and Complete Recovery», HubSpot, 19 de enero de 2023, https://www.hubspot.com/company-news/hubspots-ceo-brian-halligan-injured-in-accident-expected-to-make-a-full-and-complete-recovery.

22 Sundiatu Dixon-Fyle, Kevin Dolan, Dame Vivian Hunt y Sara Prince, «Diversity Wins: How Inclusion Matters», McKinsey & Company, 19 de mayo de 2020, https://www.mckinsey.com/featured-insights/diversity-and-inclusion/diversity-wins-how-inclusion-matters.

23 Robert D. Austin y Gary P. Pisano, «Neurodiversity Is a Competitive Advantage», *Harvard Business Review*, 27 de agosto de 2021, https://hbr.org/2017/05/neurodiversity-as-a-competitive-advantage.

24 Abayomi Olusunle, «Neurodiversity and Leadership: How to Create a Diverse and Inclusive Executive Team», Foro Económico Mundial, 22 de agosto de 2023, https://www.weforum.org/agenda/2023/08/neurodiversity-how-to-create-inclusive-leadership-team/?utm_content=23%2F08%2F2023%2B17%3A45&utm_medium=social_scheduler&utm_source=linkedin&utm _term=Better%2B Business.

25 *Idem.*

26 *Idem.*

27 Dixon-Fyle *et al.*, «Diversity Wins...», *op. cit.*

Capítulo 4: Reimaginar las prestaciones laborales

1 Vickie Braden, en entrevista con Angela Jackson, 1.° de marzo de 2022.
2 Rachel Romer, conversación con la autora, 12 de abril de 2023.
3 Bonnie Rochman, «Viewpoint: How Yahoo CEO Marissa Mayer Is Building a Nursery by Her Office, and Dissing Working Moms», *Time*, 28 de febrero de 2013, https://healthland.time.com/2013/02/28/how-yahoo-ceo-marissa-mayer-is-building-a-nursery-by-her-office-and-dissing-working-moms/.
4 Rachel Romer, correo electrónico al personal de Guild, 2018.
5 Alexandra Wilson, «This Tech Unicorn Just Opened a Million-Dollar Daycare, as Companies Fight to Retain Female Talent», *Forbes*, 22 de abril de 2021, https://www.forbes.com/sites/alexandrawilson1/2021/04/22/this-tech-unicorn-just-opened-a-million-dollar-daycare-as-companies-fight-to-retain-female-talent/.
6 En 2023, Rachel Romer tuvo un problema de salud y dejó su puesto como directora ejecutiva. Guardo un profundo respeto por su liderazgo y le deseo fuerza en su recuperación.
7 Sam Ryan, cofundador de Zeelo, en entrevista con Angela Jackson, 7 de junio de 2023.
8 Zeelo, «As part of Tesco's Red Door platform in 2021, we introduced a trusted, efficient, and cost-effective shuttle program for shift workers. Fast forward three years and we are delighted to see how Zeelo continues to make a real impact; improving the commuting experience for Tesco employees in its Goole location», Facebook, 3 de junio de 2024, https://www.facebook.com/gozeelo/videos/838003114479511/.
9 Zeelo, «As part of Tesco's…», *op. cit.*
10 Sam Ryan, correo electrónico a la autora, 3 de julio de 2024.
11 *Idem.*

Capítulo 5: Activar a líderes de primera línea

1 Quy Huy, «In Praise of Middle Managers», *Harvard Business Review*, 1.° de agosto de 2014, https://hbr.org/2001/09/in-praise-of-middle-managers.
2 David Brooks, «The Quiet Magic of Middle Managers», *New York Times*, 11 de abril de 2024, https://www.nytimes.com/2024/04/11/opinion/middle-managers-business-society.html.
3 Sarah Pakstis, «The Importance of Developing Your Frontline Leaders», *Harvard Business Publishing Blog*, 24 de agosto de 2020, https://www.harvardbusiness.org/the-importance-of-developing-your-frontline-leaders; Ron Ashkenas, «First-Time Managers, Don't Do Your Team's Work for Them», Harvard Business Review, 21 de septiembre de 2015, https://hbr.org/2015/09/first-time-managers-dont-do-your-teams-work-for-them.
4 Chartered Management Institute, «New Study: Bad Managers and Toxic Work Culture Causing One in Three Staff to Walk», comunicado de pren-

sa, 16 de octubre de 2023, https://www.managers.org.uk/about-cmi/media-centre/press-releases/bad-managers-and-toxic-work-culture-causing-one-in-three-staff-to-walk/.

5 Brooks Holtom, Terence Mitchell, Thomas Lee y Marion Eberly, «5 Turnover and Retention Research: A Glance at the Past, a Closer Review of the Present, and a Venture into the Future», *Academy of Management Annals* 2, núm. 1 (2008): 231-274; «The Benefits of Employee Engagement», Gallup.com, 16 de mayo de 2024, https://www.gallup.com/workplace/236927/employee-engagement-drives-growth.aspx.

6 Diane Belcher, «Leadership Development Gaps among Frontline Leaders—*Harvard*», *Harvard Business Publishing Blog*, 21 de abril de 2023, https://www.harvardbusiness.org/frontline-leaders-are-hungry-for-development-can-organizations-deliver/.

7 PrismWork, reset: *Men, Leadership, and the New World of Work*, 2 de marzo de 2023, https://modernleadership4men.com.

8 *Idem*.

9 Emily Field, Alexis Krivkovich, Sandra Kügele, Nicole Robinson y Lareina Yee, «Women in the Workplace 2023», McKinsey & Company, 5 de octubre de 2023, https://www.mckinsey.com/featured-insights/diversity-and-inclusion/women-in-the-workplace; Foro Económico Mundial, *Global Gender Gap Report 2023*, 20 de junio de 2023, https://www3.weforum.org/docs/WEF_GGGR_2023.pdf.

10 Lisen Stromberg, fundadora de PrismWork, en entrevista con Angela Jackson, 24 de mayo de 2024.

11 «Our Mission», Empower Work, consultado el 14 de julio de 2024, https://www.empowerwork.org/about-us.

12 Anónimo, en entrevista personal con Angela Jackson, 1.° de marzo de 2023 a 28 de junio de 2023.

13 «How to Improve Employee Engagement in the Workplace», Gallup.com, 4 de junio de 2024, https://www.gallup.com/workplace/285674/improve-employee-engagement-workplace.aspx.

14 John Pitonyak y Rob Desimone, «How to Engage Frontline Managers», Gallup.com, 9 de agosto de 2022, https://www.gallup.com/workplace/395210/engage-frontline-managers.aspx.

15 Anónimo, en entrevista personal con Angela Jackson, 20 de marzo de 2024.

16 Brian Elliott, «It's Time to Free the Middle Manager», *Harvard Business Review*, 21 de mayo de 2021, https://hbr.org/2021/05/its-time-to-free-the-middle-manager.

17 Brian Elliott, «Hybrid Rules: The Emerging Playbook for Flexible Work», Future Forum, 14 de octubre de 2021, https://futureforum.com/2021/01/28/hybrid-rules-the-emerging-playbook-for-flexible-work/.

18 *Idem*.

19 «Future of the Workforce», *The 19th*, 18 de noviembre de 2022, https://19thnews.org/events/future-of-the-workforce-austin-texas/.

20 *Idem*.

21 Stephen R. Covey, *Los 7 hábitos de la gente altamente efectiva. Lecciones poderosas para el cambio personal*, trad. de Jorge Piatigorsky, ed. del 25 aniversario (Barcelona: Paidós, 2014), «Cuarto hábito: Pensar en ganar-ganar».
22 Angela Jackson, «Win-Win People Leader Training: Building Effective Leaders Through Continuous Learning and Development», Future Forward Strategies, 25 de septiembre de 2023.
23 Michael Leimbach, «Leadership Development in the Age of the Great Resignation», *Training*, 16 de mayo de 2022, https://trainingmag.com/leadership-development-in-the-age-of-the-the-great-resignation/.
24 *Idem*.
25 Leimbach, «Leadership Development...», *op. cit.*
26 Anónimo, en entrevista personal con Angela Jackson, 28 de junio de 2023.

Capítulo 6: Reconsiderar las credenciales

1 Mike Rosenbaum, fundador de Catalyte, en entrevista con Angela Jackson, 20 de febrero de 2023.
2 Opportunity@Work, *Reach for the STARs: Realizing the Potential of America's Hidden Talent Pool*, 2020, https://opportunityatwork.org/our-solutions/stars-insights/reach-stars-report/.
3 Andrew Jack, «Employers Look to Rip the "Paper Ceiling" for Non-Graduates», *Financial Times*, 3 de junio de 2024, https://www.ft.com/content/d76a953d-685a-434a-8acb-36589fac2478.
4 Byron Auguste, «Low Wage, Not Low Skill: Why Devaluing Our Workers Matters», *Forbes*, 7 de febrero de 2019, https://www.forbes.com/sites/byronauguste/2019/02/07/low-wage-not-low-skill-why-devaluing-our-workers-matters/.
5 Peter Q. Blair, Tomas G. Castagnino, Erica L. Groshen, Papia Debroy Byron Auguste, Shad Ahmed, Fernando Garcia Diaz y Cristian Bonavida, «Searching for STARs: Work Experience as a Job Market Signal for Workers without Bachelor's Degrees», documento de trabajo 26844, National Bureau of Economic Research, 2020, https://www.nber.org/system/files/working_papers/w26844/w26844.pdf.
6 *Idem*.
7 Joseph B. Fuller y Manjari Raman, Dismissed by Degrees: *How Degree Inflation is Undermining U.S. Competitiveness and Hurting America's Middle Class*, Accenture, Grads of Life y Harvard Business School, octubre de 2017, https://www.hbs.edu/managing-the-future-of-work/Documents/dismissed-by-degrees.pdf.
8 Saadia Zahidi, «We Need a Global Reskilling Revolution—Here's Why», Foro Económico Mundial, 20 de enero de 2020, https://www.weforum.org/agenda/2020/01/reskilling-revolution-jobs-future-skills/.
9 Tina Delligatti, directora de Recursos Humanos, Jergens Inc., en entrevista con Angela Jackson, 20 de marzo de 2024.

10 «Joy Buolamwini: How Do Biased Algorithms Damage Marginalized Communities?», *NPR*, 30 de octubre de 2020, https://www.npr.org/transcripts/929204946.
11 Bryan Hancock y Bill Schaninger, «Talent at a Turning Point: How People Analytics Can Help», McKinsey & Company, 24 de febrero de 2022, https://www.mckinsey.com/capabilities/people-and-organizational-performance/our-insights/talent-at-a-turning-point-how-people-analytics-can-help.
12 «2024 Global Human Capital Trends», Deloitte Insights, junio de 2024, https://www2.deloitte.com/us/en/insights/focus/human-capital-trends.html.
13 Ellyn Shook y Paul Daugherty, Work, *Workforce, Workers: Reinvented in the Age of Generative AI*, Accenture, 16 de enero de 2024, https://www.accenture.com/content/dam/accenture/final/accenture-com/document-2/Accenture-Work-Can-Become-Era-Generative-AI.pdf#zoom=40.
14 Myra Norton, directora ejecutiva de Arena Analytics, en entrevista con Angela Jackson, 29 de marzo de 2023. La investigación de Accenture encontró que las plataformas de análisis de la fuerza laboral pueden ayudar a las organizaciones a optimizar su planeación de fuerza laboral al identificar brechas de habilidades y proporcionar información sobre el potencial de los empleados.
15 Deloitte, *Leading the Social Enterprise: Reinvent with a Human Focus—2019 Global Human Capital Trends*, 2019, https://www2.deloitte.com/content/dam/insights/us/articles/5136_HC-Trends-2019/DI_HC-Trends-2019.pdf, pp. 85-86.

Capítulo 7: Desarrollar plantillas de gran talento

1 Katie Sievers, en entrevista con Angela Jackson, 2 de febrero de 2024.
2 Xperts Worker Advisory Meeting, 26 de abril de 2021. Los nombres se mantuvieron anónimos.
3 J. R. Keller, «The Best Way to Hire from inside Your Company», *Harvard Business Review*, 15 de abril de 2024, https://hbr.org/2015/06/the-best-way-to-hire-from-inside-your-company.
4 Jim Harter, «In New Workplace, U.S. Employee Engagement Stagnates», Gallup.com, 23 de enero de 2024, https://www.gallup.com/workplace/608675/new-workplace -employee-engagement-stagnates.aspx.
5 Shaun Smith, vicepresidente ejecutivo de grupo y jefe de personal y cultura, Hospital Presbiteriano de Nueva York, en entrevista con Angela Jackson, 7 de junio de 2024. También lo entrevisté el 12 de abril de 2023.
6 Feixia Wu, Yuewen Lao, Ying Feng, Jiaqing Zhu, Yating Zhang y Liuyan Li, «Worldwide Prevalence and Associated Factors of Nursing Staff Turnover: A Systematic Review and Meta-Analysis», *Nursing Open* 11, núm. 1 (enero de 2024): e2097, https://www.ncbi.nlm.nih.gov/pmc/articles/PMC10802134/.
7 Smith, entrevista, 12 de abril de 2023.

8 *Idem*.
9 Martin Ritter, director ejecutivo de US Stadler Rail, en entrevista con Angela Jackson, 4 de octubre de 2023.
10 Schott, Bryan, «CEO Success Stories with Stadler US CEO Martin Ritter», Utah Policy, 4 de mayo de 2021. https://utahpolicy.com/archive/22460-ceo-success-stories-with-stadler-us-ceo-martin-ritter.
11 «Ohio Workforce Fact Sheet», Intel, 24 de septiembre de 2023, https://download.intel.com/newsroom/2023/corporate/OH-Workforce-fact-sheet.pdf.
12 «Intel Invests in Ohio», Intel, 17 de marzo de 2022, https://www.intel.com/content/www/us/en/newsroom/resources/intel-invests-ohio.html#gs.cjhnx3.
13 «Diversity + Inclusion Best Practices Case Study», Manufacturing Institute, consultado el 20 de julio de 2024, https://www.themanufacturinginstitute.org/wp-content/uploads/2021/07/DI-Case-Study_Intel.pdf.
14 «Intel Corp», JUST Capital, consultado el 31 de julio de 2024, https://justcapital.com/companies/intel-corp.
15 Smith, entrevista, 7 de junio de 2024.
16 *Idem*.
17 *Idem*.

Capítulo 8: Usar los informes de capital humano como estrategia competitiva

1 Emily Bonta, Catrina Catrina Notari, Alison Omens, Aleksandra Radeva, Ian Sanders y Kavya Vaghul, «The Current State of Human Capital Disclosure in Corporate America: Assessing What Data Large U.S. Employers Share», JUST Capital, 5 de octubre de 2021, https://justcapital.com/reports/the-current-state-of-human-capital-disclosure-in-corporate-america/.
2 Comisión de Bolsa y Valores de los Estados Unidos, «SEC Adopts Rule Amendments to Modernize Disclosures of Business, Legal Proceedings, and Risk Factors under Regulation S-K», comunicado de prensa, 8 de agosto de 2020, https://www.sec.gov/newsroom/press-releases/2020-192.
3 Michael Titera y Meghan Sherley, *Evolving Human Capital Disclosures*, Gibson Dunn, 9 de enero de 2023, https://www.gibsondunn.com/wp-content/uploads/2023/01/evolving-human-capital-disclosures.pdf.
4 Natasha Lamb, cofundadora, socia de gestión y jefa de cartera de Arjuna Capital, en entrevista con Angela Jackson, 18 de febrero de 2023.
5 *Idem*.
6 Joel Gascoigne, «Introducing Our Open Salary System: Reflecting on a Decade of Transparent Salaries at Buffer», Buffer, 26 de enero de 2024, https://buffer.com/resources/salary-system/.
7 Ekow Sanni-Thomas, en entrevista con Angela Jackson, 31 de julio de 2023.

8 Edelman Trust Institute, 2023 *Edelman Trust Barometer: Global Report*, 2023, https://www.edelman.com/sites/g/files/aatuss191/files/2023-03/2023%20Edelman%20Trust%20Barometer%20Global%20Report%20FINAL.pdf.
9 Gascoigne, «Introducing...», *op. cit.*
10 Para más información, véase el sitio web de Inside Voices (https://www.insidevoices.io/) y el de Glassdoor (https://www.glassdoor.com/index.htm).
11 Comisión de Bolsa y Valores de los Estados Unidos, «SEC Adopts Rule».

Capítulo 9: Distribuir el liderazgo: dejar que cada empleado sea empresario

1 André de Waal, Michael Weaver, Tammy Day, Beatrice van der Heijden, «Silo-Busting: Overcoming the Greatest Threat to Organizational Performance», *Sustainability* 11, núm. 23 (2019): 6860.
2 Howard Youngs, «Distributed Leadership», in *Oxford Research Encyclopedia of Education*, 29 de mayo de 2020, consultado el 29 de julio de 2024, https://oxfordre.com/education/view/10.1093/acrefore/9780190264093.001.0001/acrefore-9780190264093-e-612.
3 *Idem.*
4 *Idem.*
5 Meredith Somers, «The 3 Leadership Types in a Nimble Organization», MIT Sloan School of Management, 1.° de noviembre de 2021, https://mitsloan.mit.edu/ideas-made-to-matter/3-leadership-types-a-nimble-organization.
6 *Idem.*
7 *Idem.*
8 Kerry Siggins, en entrevista con Angela Jackson, 21 de febrero de 2023.
9 «Workplace Burnout Survey: Burnout without Borders», Deloitte, 24 de abril de 2020, https://www2.deloitte.com/us/en/pages/about-deloitte/articles/burnout-survey.html.
10 Matt Gonzales, «Here's How Bad Burnout Has Become at Work», SHRM, 1.° de mayo de 2024, https://www.SHRM.org/topics-tools/news/inclusion-diversity/burnout-SHRM-research-2024.
11 Jenny Odell, *Cómo no hacer nada. Resistirse a la economía de la atención*, trad. de Juanjo Estrella González (Barcelona: Ariel, 2021); Simone Stolzoff, *The Good Enough Job: Reclaiming Life from Work* (Nueva York: Portfolio, 2023); Oliver Burkeman, *Cuatro mil semanas. Gestión del tiempo para mortales*, trad. de Ana Camallonga (México: Planeta, 2022).
12 «Employee Ownership by the Numbers», National Center for Employee Ownership, febrero de 2024, https://www.nceo.org/articles/employee-ownership-by-the-numbers#2.
13 Ernest H. O'Boyle, Pankaj C. Patel y Erik Gonzalez-Mulé, «Employee Ownership and Firm Performance: A Meta-Analysis», Human Resource Management Journal 26, núm. 4 (junio de 2016): 1-2, https://www.researchgate.net/publication/304459942_Employee_ownership_and_firm_performance a meta-analysis_Employee_ownership_a_meta-analysis.

14 Gallup, «The Benefits of Employee Engagement», actualizado el 7 de enero de 2023, consultado el 10 de septiembre de 2024, https://www.gallup.com/workplace/236441/benefits-employee-engagement.aspx.
15 Douglas L. Kruse, Richard B. Freeman y Joseph R. Blasi, «Do Workers Gain by Sharing? Employee Outcomes under Employee Ownership, Profit Sharing, and Broad-Based Stock Options», en *Shared Capitalism at Work: Employee Ownership, Profit and Gain Sharing, and Broad-Based Stock Options*, ed. de Douglas L. Kruse, Richard B. Freeman y Joseph R. Blasi (Chicago: University of Chicago Press, 2010), 266; Nancy Wiefek y Nathan Nicholson, *S Corporation ESOPS and Retirement Security*, National Center for Employee Ownership, diciembre de 2018, https://www.nceo.org/assets/pdf/articles/NCEO-S-ESOPs-Retirement-Dec-2018.pdf.
16 Kruse, Freeman y Blasi, «Do Workers Gain by Sharing?…», *op. cit.*, 266.
17 Fidan Ana Kurtulus y Douglas L. Kruse, *How Did Employee Ownership Firms Weather the Last Two Recessions?: Employee Ownership, Employment Stability, and Firm Survival in the United States: 1999-2011* (Kalamazoo, MI: W. E. Upjohn Institute for Employment Research, 2017).
18 WPI Economics, *Exploring the Potential of the Employee Ownership: A Deep Dive into the Economic, People, Societal and Environmental Benefits*, 19 de octubre de 2023, https://www.efesonline.org/LIBRARY/2023/UK%20Employee%20Ownership%20Knowledge%20Programme%202023%20-%20Detailed%20Report.pdf.
19 Kerry Siggins, en entrevista con Angela Jackson, 18 de mayo 2023.

Capítulo 10: Cómo medir el impacto y el ROI en el entorno laboral ganar-ganar

1 Marcus Felder, en entrevista con Angela Jackson, julio de 2024.

AGRADECIMIENTOS

Quiero expresar mi más profundo agradecimiento a Steve Piersanti, Jeveen Sivasubramaniam y Christy Kirk, y a toda la comunidad de Berrett Koehler, pues la fe que tuvieron en mí como autora primeriza volvió posible este libro.

Agradezco a mi agente Mackenzie Brady Watson, quien creyó en mí desde el primer día y sigue siendo el viento bajo mis alas literarias.

A todos los individuos y empresas que entrevisté para los casos presentados en el libro, quiero agradecerles por su confianza, apoyo y la gran labor que realizan al invertir en la mejora de los empleados y entornos de trabajo ganar-ganar en todo el mundo.

Como suele decirse, nadie logra nada solo. He encontrado que esto es cierto en mi vida en general y que es especialmente cierto en relación con este libro. Quisiera agradecer a mi «equipo de ensueño» personal, Mathew Presser, Alex Amouyel, Susan McPherson y May Jee Bascones.

Y a los grupos de mujeres a los que pertenezco, Alpha Kappa Alpha, Chief, Extraordinary Women on Boards y The List, ¡muchas gracias por la sororidad y por crear un espacio para que las mujeres alcancen sus sueños más ambiciosos!

Y a mis amigos autores y editores que me han brindado incontables horas de ayuda y asesoría, Kathryn Finney, Morra Aarons-Mele, Michael Horn, Lisen Stromberg, Laura Gassner Otting, Christina Wallace, Julia Pimsleur, Amy Webb Tabia Yapp y Gorrik Ng.

A mi familia eterna en la ciudad de Nueva York, Deena Boykin, Diane Clear, Kevin Adams y Neil Totton.

Y a mi familia, Shequetta Carr, Artrell y Myra Lassiter, Jordan Lassiter, Melvin Lassiter, Leon Coe, Charles y Ranee Wilson, Iren y Ralph Sprott, Claire y John Ternan, Kyla Wells, RèMale James, Robin Delacruz, Vickie Braden, Desaree Wilcox y Gaëlle Charlec-Jean: su amor y apoyo incondicional me permiten tratar de alcanzar las estrellas porque sé que siempre tengo un lugar blando para aterrizar.

A Chris y Yuki, mis amores. Gracias por amarme tan bien. Doy gracias por ustedes cada uno de mis días.

El reverendo doctor Michael Beckwith me inspira cada semana. Él fue el primero en presentarme a Howard Thurman, el autor y consejero espiritual que dijo:

No preguntes qué necesita el mundo.
Pregúntate qué te hace sentir vivo y hazlo.
Porque lo que el mundo necesita es gente que ha cobrado vida.

Las palabras de Thurman me guían todos los días. ¡Espero que te motiven a ti en tu camino hacia la creación de un entorno laboral ganar-ganar!